中国企业员工工作之余学习塞语

RONDO
TURISTIČKA AGENCIJA
TOP STUDIO
ELDORADO
MENJAČNICA
WESTERN UNION WU
MENJAČNICA
FISKALNE KASE
АПОТЕКА
GAME

斯梅代雷沃丰收节游行

中塞员工交流培训

中塞员工雪中调试设备

“一带一路”合规经营
系列丛书

工程建设企业境外合规经营指南
塞尔维亚

中国施工企业管理协会
中冶建工集团有限公司 编著

中国市场出版社
China Market Press

·北京·

图书在版编目（CIP）数据

工程建设企业境外合规经营指南．塞尔维亚／中国施工企业管理协会，中冶建工集团有限公司编著．—北京：中国市场出版社有限公司，2023.9

（“一带一路”合规经营系列丛书）

ISBN 978－7－5092－2462－5

Ⅰ．①工…　Ⅱ．①中…　②中…　Ⅲ．①建筑企业－对外投资－工业企业管理－中国－指南　Ⅳ．①F426.9－62

中国国家版本馆 CIP 数据核字（2023）第 170073 号

工程建设企业境外合规经营指南：塞尔维亚

GONGCHENG JIANSHE QIYE JINGWAI HEGUI JINGYING ZHINAN：SAI'ERWEIYA

编　　著：中国施工企业管理协会 中冶建工集团有限公司
责任编辑：王雪飞

出版发行：中国市场出版社
社　　址：北京市西城区月坛北小街 2 号院 3 号楼（100837）
电　　话：（010）68034118/68021338
网　　址：http：//www.scpress.cn

印　　刷：河北鑫兆源印刷有限公司
规　　格：145mm×210mm　　32 开本
印　　张：10　　**字　　数**：260 千字
版　　次：2023 年 9 月第 1 版　　**印　　次**：2023 年 9 月第 1 次印刷
书　　号：ISBN 978－7－5092－2462－5
定　　价：68.00 元

《工程建设企业境外合规经营指南：塞尔维亚》

编 委 会

章旭彦　中国施工企业管理协会合规顾问

彭世红　中建国际建设有限公司副总经理

岐温华　中国电建集团海外投资有限公司总法律顾问兼首席合规官

张　磊　中国土木工程集团有限公司中土研究院副院长

宋玉祥　上海市建纬（北京）律师事务所高级合伙人

张明明　中国石油天然气第一建设有限公司企管法规部经理

张玉金　江西中煤建设集团有限公司企业管理部部长、合规办公室主任

PREFACE 序言

“一带一路”倡议是顺应全球治理体系变革，彰显同舟共济、命运与共意识的国际公共产品。作为完善全球治理体系、推动构建人类命运共同体的中国方案，共建“一带一路”已经成为171个国家和国际组织开展国际合作的新模式，正在向高质量共建的阶段迈进。

共建“一带一路”在完成总体布局的基础上，聚焦重点、深耕细作，扎实推进项目实施，累计开展了3000多个项目，可圈可点的成果、实实在在的好处，让“一带一路”朋友圈不断扩大。中国企业参与“一带一路”建设的程度也越来越深入，面临的市场环境越来越复杂，合规经营在企业可持续发展中也显得越来越重要。

为更好地帮助企业提高合规经营管理水平，有效防范及化解经营风险，早在2017年5月，习近平总书记就中国企业合规经营问题，在中央全面深化改革领导小组会议上，明确指出加强企业海外经营行为合规制度建设的必要性。2018年7月1日，国家标准《合规管理体系指南》（GB/T 35770—2017）正式实施；2018年11月2日，国务院国资委《中央企业合规管理指引（试行）》发布实施；2018年12月26日，国家发展改革委正式发布《企业境外经营合规管理指引》，为中国企业更好地开展境外经营业务、建立合规管理体系和制度，提供了官方的指导意见。

中国施工企业管理协会基于工程建设行业的实践经验和研究成果，联合 12 家会员单位，在国家发展改革委区域开放司的指导下，出版《工程建设企业境外合规经营指南》（以下简称《指南》），结合企业自身情况，以丰富翔实的案例，系统地从市场环境、通用规则、国别规则以及示范项目等角度展示了中国企业在境外稳扎稳打、开拓进取的合规发展历程，具有针对性、实务性和系统性的特点，是一套指导性非常强的工具书。

《指南》的出版有利于帮助广大施工企业适应国际工程承包自由化、便利化的市场环境，引导企业以实现行业高质量发展为目标，期望通过树立境外合规经营优秀典型，分享境外合规运营经验，帮助企业完善合规运营体系，形成合规文化，提升企业在国际市场中的竞争力。同时，在更广泛的范围倡议共建“一带一路”的企业，增强机遇意识和风险意识，夯实基础，固牢底线，趋利避害，在发展中不断前进，在合作中茁壮成长。

曹玉书

2021 年 12 月

PREFACE 前言

塞尔维亚共和国简称塞尔维亚，地处中东欧地区的中心地带，位于西欧、中欧及东欧的“十字路口”，与多个欧洲国家接壤，地理位置十分重要。作为首个同中国建立全面战略伙伴关系的中东欧地区国家，以及首个对中国公民实行实质性全面免签政策的欧洲国家，塞尔维亚在“一带一路”倡议中发挥了重要作用。

塞尔维亚政府始终致力于推进本国经济社会的快速发展。自 2000 年起，塞尔维亚政府实施积极的政治、经济和外交政策，目前改革已初见成效。近年来，其为争取加入欧盟又启动新一轮结构性改革（包括私有化、行政、司法等方面），并特别关注新冠疫情之后的市场及生产恢复，各项改革措施有效地改善了本国投资环境，经济增速明显加快。

近年来，随着中塞两国高层频繁互访，两国的经济合作领域不断拓宽，经济合作基础进一步夯实，经贸合作渐入佳境，双边贸易快速增长，合作成果覆盖了基础设施建设、能源、制造业、旅游等众多领域，合作模式和内容更多惠及民生。

2022 年，匈塞铁路贝尔格莱德至诺维萨德段正式运营。同年，贝尔格莱德绕城公路 B5 标段项目实现通车，中塞直航开通。这一系列“一带一路”项目的落地，进一步增强了中塞两国的经济联系，也切实加强了塞尔维亚国内的现代化建设，为助力塞尔维亚发展振兴发挥了积极作用，为打造更加紧密的中塞关系奠定了坚实基础。据统计，2022 年中国和塞尔维亚的进出口总额为 6856 亿第纳尔，约合 60.49 亿美元（58.37 亿欧元），较上年同比增加 35%，中国居塞尔维亚第二大贸易顺位。其中，塞尔维亚对华出口总额 1293 亿第纳尔，约合 11.67 亿美元（11.01 亿欧元），较上年同比大增 37.6%，中国居塞尔维亚出口市场第 9 位；塞尔维亚自华进口总额 5563 亿第纳尔，约合 49.82 亿美元（47.36 亿欧元），较上年同比增加 34.4%，中国成为塞尔维亚第一大进口来源国。

此外，塞尔维亚还十分重视跨境合规经营管理。若他国企业在当地进行投资或其他经营活动，需熟练掌握并严格遵守塞尔维亚相关法律法规，尤其是禁止性规定，同时在经营活动实施过程中需特别注重防范因违背当地的民风传统、宗教信仰等文化因素而导致的道德风险。

中冶建工集团有限公司（简称中冶建工集团）始建于 1965 年 9 月，注册地为中国重庆，是世界 500 强企业中国五矿旗下重要骨干子企业，是上市公司中国中冶核心子公司，是集投资与建设为一体的综合性企业集团，是国家高新技术企业及重庆地区唯一“四特十甲”资质建筑业企业。中冶建工集团经过半个多世纪的发展与积累，已构建起建筑全产业链运营管理体系和全专业、全流程整合服务平台，主营业务涵盖工程施工总承包及专业承包、房地产开发、装备制造、商品混凝土生产及销售等，为用户提供项目咨询、策划、投融资、勘察设计、施工建设、运维管理等全过程、全生命周期服务。

自2009年首次“出海”以来，中冶建工集团已将足迹印在了阿尔及利亚、格鲁吉亚、塞尔维亚、爱尔兰等多个“一带一路”沿线国家。十多年的海外征途使中冶建工集团积淀了丰富的技术、人才及海外管理经验。2017年，中冶建工集团携“冶金建设国家队”的重任再度“出海”，承接了河钢塞尔维亚有限公司工程技改项目的工艺设备采购和施工总承包任务。该项目是“一带一路”重点项目，受到高度关注。河钢塞尔维亚有限公司前身为斯梅代雷沃钢厂，因经营不善而长期处于亏损状态。2016年被河钢集团以4600万欧元收购并更名为“河钢塞尔维亚有限公司”。中冶建工集团以着力提升钢厂节能环保、绿色制造及智能化水平为建设目标，对斯梅代雷沃钢厂进行了设备维修、系统改造及工艺升级，向塞尔维亚人民展示了中国企业精益求精的技术追求及绿色共享的发展理念。

该项目已于2022年6月顺利完工并投产。经过改造的钢厂，其烧结料面点火采用全高炉煤气点火自动控制技术，实现了低热值高炉煤气的高效利用；其烧结烟气采用干法硫化床脱硫技术，可以对烟气中的污染物进行综合、深度净化。钢厂烧结机全年预计可降低固体燃料消耗1万吨以上；煤气柜能够对放散的高炉煤气进行回收利用，全年可回收高炉煤气1.75亿立方米，有效减少了能源浪费及天然气的使用，助力钢厂提质增效。

秉承着全面战略合作伙伴关系，中塞两国在基础设施、能源等领域已经有许多堪称典范的合作经历。放眼未来，两国在建筑、工业、新技术、医疗和农业等领域还有很大的合作空间。在深化建筑业改革、推动建筑业转型升级和高质量发展的大背景下，中塞建筑企业寻求与“一带一路”沿线国家和地区互利共赢的合作机会。塞尔维亚也将持续改善投资环境，继续发挥中国在西巴尔干地区乃至欧洲的重要经贸合作伙伴和经济交往桥梁的重要作用，并十分期待中资企业在塞尔维亚的投资活动。

CONTENTS
目录

Chapter 1

第一章

境外工程建设合规管理的重要性

“合规”一词源自英文 compliance，是指企业行为符合法律法规及其内部规章制度和商业道德的要求。企业合规管理本质上是对企业内部的自我管理提出了要求，不仅要求其合法合规，还要求其遵守企业自己制定的规章和社会承认的商业道德。近年来，随着中国“走出去”战略、“一带一路”倡议的推动，越来越多的企业走出国门，开始广泛参与跨国经营，而与此同时，越来越多的中国企业遭受海外合规处罚，引发了国内企业对于合规问题的关注和思考。

一、合规的起源

（一）企业合规思想的起源

合规思想最早可追溯到成立于1906年的美国食品和药物管理局（FDA）当时对食品和药物安全的监管，这促使部分企业开始将合规视为企业运营的一部分。20世纪50年代，英国为发展外向型经济，向外扩张本土企业。尽管当时的英国法律以及各个行业的规章制度相对比较完善，但对外投资要做到“入乡随俗”，英国本土的法规、企业规章和文化理念等已不适用于投资所在国。在此背景之下，从国家、行业和人员三个层面考虑，英国率先推出合规。

（二）企业合规体系的诞生

20世纪60年代，因电气设备行业龙头企业的垄断行为，美国开始反垄断大潮，政府在该领域重拳出击，合规管理随着美国《反托拉斯法》（反垄断法）的实施而得到了普及，在当时促使很多企业开始建立反垄断合规体系。

（三）企业专项合规体系的建设

20世纪70年代，为应对这一时期出现的系列财务丑闻，美国证券交易委员会在1977年颁布了《反海外腐败法》，要求上市公司在贿赂、回扣、记账和其他方面执行合规政策。《反海外腐败法》在合规的世界发展史上具有标志性意义。一方面是因为该法在反腐败领域具有广泛的域外管辖效力，至今仍然是悬在各跨国企业头上的“达摩克利斯之剑”；另一方面是因为该法要求企业对资金往来进行准确的会计记录，从而直接介入了企业财务内控体系的建设。

1986 年，美国发布了《环境审计政策声明》，将企业环保作为合规工作要点，鼓励公司对设备使用是否符合环保要求进行系统、定期和客观的检查，以确保公司合规体系的有效性，发现潜在的环保违规问题。同一年，美国军火企业联合起草了《国防工业的商业伦理与企业活动精神》，将自觉履行合规管理制度作为企业自律的要求。1988 年，美国又通过了《内幕交易与证券欺诈取缔法》，进一步防止证券内幕交易。这一系列专项法案的制定推动了企业在问题领域专项合规体系的建设。

二、合规体系的成形与完善

（一）企业合规体系的成形

20 世纪 90 年代以前的合规管理多集中在某些具体领域，从 20 世纪 90 年代开始，企业全面合规体系建设逐渐成形。标志性的事件是 1991 年美国量刑委员会发布《针对机构实体联邦量刑指南》（简称《量刑指南》）。

《量刑指南》主张将机构实体是否具备完善的合规体系作为减轻刑事责任的重要考量。该指南的出台标志着现代合规理念与合规标准的成形。企业按照《量刑指南》的合规标准审查现有合规体系或建立新合规体系。

1992 年，关于通过控制危险废物跨越国境的转移和处置来防止危险废物对环境和人体健康造成危害的全球性国际公约——《巴塞尔公约》开始生效，目前已经有 187 个国家签署。

1995 年，联合国首次提出“全球契约”的构想，号召企业以承诺遵守国际行为准则的方式，使经济活动兼顾社会公益，承担相关社会责任。2004 年，“全球契约”扩充形成人权、劳工标准、环境、反贪污四个方面的十项基本原则。

1997 年，经济合作与发展组织（OECD，简称经合组织）成员国达成《反对国际商业活动中向海外政府官员行贿行为公约》。

（二）企业合规体系的规范

2001—2002 年，安然有限公司和世界通信公司等企业发生财务造假丑闻，暴露出美国上市公司治理和财务审计方面存在的严重问题。为加强公司监管、重振投资者信心，美国国会于 2002 年通过《萨班斯-奥克斯利法案》（简称《萨班斯法案》），对美国上市公司财务监管中存在的问题作出了针对性规定。

《萨班斯法案》适用于所有在美国上市和准备赴美上市的公司，包括外国公司，如中国的阿里巴巴、网易等，因而对世界范围内的企业经营和合规管理产生了深远影响。

2004 年，巴塞尔银行监管委员会颁布《巴塞尔协议》，鼓励银行不仅要识别当前的风险，而且要识别将来的风险，并且改进现有的风险管理体系来管理这些风险。2005 年，巴塞尔银行监管委员会又发布了《合规与银行内部合规部门》高级文件。

这一时期对合规发展产生重要影响的，还包括 2004 年修订后的《针对机构实体联邦量刑指南》。修订后的《量刑指南》为评估合规体系的有效性规定了更为细致和严格的要求，包括但不限于：培养诚信合规的组织文化、强调管理层对合规体系的监督、加强员工合规培训和宣介、建立内外部风险评估机制等内容。

（三）企业合规体系的发展和完善

肇端于 2007 年的次贷危机席卷全美。为遏制金融违规、挽回公众信任，美国国会于2010年通过了《多德-弗兰克华尔街改革和消费者保护法案》。该法案的规则覆盖了几乎整个金融业和国民经济，旨在改善金融业责任制和透明度，避免再次发生经济危机，是美国金融业自大萧条以来最为深远的一次改革。

反腐败合规在这一阶段再次成为热点。以美国对德国西门子公司的反腐败执法案为代表，美国司法部和证券交易委员会在这一时期对大量跨国公司进行了反腐败调查和执法。受《反海外腐败法》巨额罚款的警示（西门子被罚约16亿美元）和会计条款的要求，众多企业开始不断加强自身的反腐败合规体系建设。

2010年，《量刑指南》再次修订，此次修订强调了合规官的独立性，对企业合规体系建设产生了不小的影响。

2010年，经合组织颁布《内控、道德与合规最佳行为指南》，要求企业制定明确的政策来禁止海外贿赂，制定针对所有员工的合规执行体系、相关交流和培训机制、完善的举报制度等。

2014年，国际标准化组织发布实施了《合规管理体系 指南》（ISO 19600），将合规管理分为建立和改进两部分，包括确定合规范围、建立合规方针、评估合规风险、制订应对计划、实施和控制、评估和报告、持续改进等阶段，为所有规模和类型的企业建立有效的合规管理体系提出了指导性建议。

2014年，亚太经合组织通过了《北京反腐败宣言》《亚太经合组织预防贿赂和反贿赂法律执行准则》《亚太经合组织高效率公司合规项目基本要素》。

2016年，国际标准化组织颁布了《反贿赂管理体系——要求和使用指南》（ISO 37001：2016），对于企业运营当中可能存在的不正当的利益往来行为，阐述了预防、发现和应对措施。

2017 年，美国司法部发布的《合规管理体系评估》罗列了问题样本清单，企业可以对照这份清单，对自身合规管理体系的充分性和效能进行评估。

2019 年，《量刑指南》更新版明确提出了 12 项评估合规体系有效性的指标，并在《商业组织联邦起诉原则》中明确提出了 3 个评价标准：合规体系是否设计良好？是否有效实施？是否实际发挥作用？

2021 年，国际标准化组织的《合规管理体系 要求及使用指南》（ISO 37301：2021）正式发布实施。ISO 37301 规定了组织建立、运行、维护和改进合规管理体系的要求，并提供了使用指南，适用于全球任何类型、规模、性质和行业的组织。

到目前为止，经营合规的概念已经深入商业领域的各个方面，各个国际组织都为构建全世界范围内公平、公正的合法合规经营环境不断努力着。而反过来对企业而言，经营风险不可能完全杜绝，但却可以利用已尽合规义务的规则来保护自身，并且利用合规管理规则来加强企业建设。可以说，合规潮流不可逆，主动拥抱使用才是正确的做法。

点评：

从合规的起源到完善成形这近一个世纪的发展历程之中，我们可以看到企业的合规从最初经济法的各领域，如反垄断法、证券和金融监管以及跨国商业行为，到现在已经扩展到经济和社会规制的各个领域。它从不同的企业和部门兴起，从最开始的分流和不同目标，到 20 世纪 90 年代，最终汇总成干流，初步形成相对完整的体系，而目前已经成为各国家、地区乃至全球商业组织和法律部门的共享制度。每一次合规的演变都是各个历史大事件迭代的结果，各个国家和组织都努力地从失败事件中总结经验，逐步完善并形成达成共识的合规规范。

站在企业的立场上，合规更多和“风险管理”“内控体系”联系在一起。对于风险事件而言，每一个风险事件有危又有机，危与机是共存的孪生兄弟。每一个风险事件，不只是事故，同时也是改进的契机，是推动前进的最深刻动力。因此，每个企业经营者都应充分意识到以下几点：

第一，合规要求不是对企业的约束，它最终的目标是引导全球商业环境朝健康有序、公平公正的方向发展。

第二，只有融入全球商业规则中，成为其中合格的一分子，才能接入全球的供应链环境，获取更多的业务机会，同时也能规避更多的风险。可以说，企业成为“合规组织”是参与全球竞争的最基本条件。

第三，注重企业发展过程中或者同行业中的每一次大事件，这是完善企业运行机制，规避运营风险的最好时机。

“走出去”与“全球性协作”是不可逆转的趋势，因时势而勃发的中国合规管理成为我国各个企业在国际化进程中的实践热点。但是源于美国并扩展到世界范围内的这一制度，在国内推行的时候的确有许多值得检讨的地方。中国式的公司治理、法治水平和大陆法系的制度局限性，限制了合规作用的发挥。然而，相对于开拓者，我们是幸运的，可以站在前人的肩膀上去处理合规问题。我们还需要不断地完善合规管理和制度，这正是我们向前迈进最正确的方向。

三、合规管理的基本概念

合规是指企业及其员工的经营管理行为符合有关法律法规、国际条约、监管规定、行业准则、商业惯例、道德规范和企业依法制定的章程及规章制度等要求，是企业通过制定合规政策，按照内部规范的要求统一制定并持续修改合规规范，监督内部规范的执行，以增强内部合规控制；对违规行为进行持续识别、监测、预警，防范、控制、化解合规风险的一整套管理活动和机制。

合规管理包括组织内部的自我审查和来自外部组织的监管，其主要内容包括（但不限于）：合规管理制度建设、合规文化建设、合规信息系统建设、合规咨询、合规培训、合规审核、合规审计、合规检查、合规考核、合规评价、合规报告、法律法规追踪、投诉举报处理、监管配合和合规问责等。

四、合规管理的意义

（一）中国当前合规管理的现状

合规管理理念和实践于 20 世纪 70 年代末由三资企业引入中国。就合规监管而言，我国也经历了由金融机构逐步向其他行业扩散的过程，目前我国政府对于企业合规管理体系的建设十分重视，要求各行业都应加强企业合规管理，完善企业合规建设。

2006 年 10 月，中国银监会颁布了《商业银行合规风险管理指引》，为商业银行合规风险的管理提出了指引。

2016 年 4 月，国务院国有资产监督管理委员会印发了《关于在部分中央企业开展合规管理体系建设试点工作的通知》，指出企业合规管理在中国移动、中国石油、东方电气集团、招商局集团、中国中铁等 5 家中央企业开始试点。

然而，和跨国企业相比，中国企业在合规问题的处理上相对落后，很多中小企业乃至部分大企业甚至都不知道合规管理的概念，而相对重视合规管理的企业，如华为、中兴和中国铁建等，其合规管理体系的构建也还处于起步阶段。我国对企业经营合规方面的相关法律法规也正在逐步完善过程中。

2008 年以来，中国企业大规模“走出去”，因为对国际上通行规则与非通行规则的认识不足或者理解不到位而产生了大量不合规的商业行为，导致企业受到经营所在地政府或者国际组织的制裁，这不仅给企业造成经济与声誉损失，还给中国企业国际形象带来负面影响。

在 2018 年，中兴通讯被美国政府处罚 14.9 亿美元的同时，被列入美国禁售制裁名单，几乎濒临倒闭。同样是中国通信行业领头羊的华为也一直受到美国相关监管机构的调查。

近年来，随着中国企业国际化程度逐步加深，我国“一带一路”倡议持续推进，更多的中国企业，尤其是工程建设、工程服务类企业，参与到世界银行以及其他国际多边开发机构贷款项目的投标、建设及服务中。然而，自 2019 年新冠疫情暴发以来，贸易保护主义日渐盛行、民粹主义不断抬头，部分地区地缘政治紧张局势难见缓解，大国政治博弈进一步加剧。受台海问题、新疆问题、印巴问题、南海问题以及 2022 年愈演愈烈的俄乌局势影响，欧美部分国家或组织为打击我国经济社会的发展，对我国在海外上市、经营的企业或项目开展过度的审核与监管，这使中国企业面临的境外经营合规风险越来越大。

截至 2022 年 3 月 11 日，世界银行官网公布数据，尚在制裁名单上的中国企业和个人共计 196 个（不含港澳台），中国是受世界银行制裁企业数量最多的国家。这为“走出去”的中国企业在合规管理方面敲响了警钟。

（二）国家对企业境外经营合规管理的重视

国家对企业境外经营合规管理越来越重视。近年来陆续出台了规范企业境外经营行为、提升企业合规管理水平的方针政策，详见表1-1。

表 1-1　中国政府近年来发布的合规要求

时间	机　构	事　项
2010 年 8 月	商务部、外交部、国家发展改革委、公安部、国务院国资委、安全监管总局、全国工商联	·印发《境外中资企业机构和人员安全管理规定》 进一步加强新形势下境外中资企业机构和人员安全保护工作，保障“走出去”战略的顺利实施。
2011 年 7 月	国务院国资委	·发布《中央企业境外国有资产监督管理暂行办法》 目的是规范境外企业经营行为，维护境外国有资产权益，防止国有资产流失。
2013 年 2 月	商务部、环境保护部	·印发《对外投资合作环境保护指南》 引导企业积极履行环境保护社会责任，推动对外投资合作可持续发展。
2013 年 3 月	商务部	·印发《规范对外投资合作领域竞争行为的规定》 促进对外投资合作业务健康和可持续发展，规范企业海外经营行为，鼓励和保护公平竞争，杜绝不正当竞争行为，提升对外投资合作企业管理水平和竞争能力。

续 表

时间	机 构	事 项
2014 年 1 月	商务部、财政部	·审议通过《对外劳务合作风险处置备用金管理办法（试行）》 目的是规范对外劳务合作企业的经营行为，保障外派劳务人员合法权益。
2014 年 8 月	商务部	·审议通过《境外投资管理办法》 促进和规范境外投资，提高境外投资便利化水平。
2017 年 5 月	中央全面深化改革领导小组	·审议通过《关于规范企业海外经营行为的若干意见》 提出要“加强企业海外经营行为合规制度建设”。
2017 年 12 月	国家发展改革委、商务部、人民银行、外交部、全国工商联	·发布《民营企业境外投资经营行为规范》 从完善经营管理体系、依法合规诚信经营、切实履行社会责任、注重资源环境保护和加强境外风险防控等五方面对民营企业境外投资经营活动进行引导和规范。
2017 年 12 月	国家发展改革委	·审议通过《企业境外投资管理办法》 加强境外投资宏观指导，优化境外投资综合服务，完善境外投资全程监管，促进境外投资持续健康发展。
2017 年 12 月	国家质量监督检验检疫总局和国家标准化管理委员会	·发布《合规管理体系 指南》（GB/T 35770—2017/ISO 19600：2014） 为企业全面系统地建设合规管理体系提供了具体的指南。

续 表

时间	机 构	事 项
2018 年 8 月	推进“一带一路”建设工作 5 周年座谈会	强调企业应规范投资经营行为，合法合规经营，注意保护环境，履行社会责任，成为共建“一带一路”的形象大使。
2018 年 11 月	国务院国资委	·印发《中央企业合规管理指引（试行）》 对中央企业的合规管理体系建设提出了要求和建议。
2018 年 12 月	国家发展改革委等七部委	·发布《企业境外经营管理指引》 对于推动企业持续提升合规管理水平提供了更加具体的行动指引。
2021 年 8 月	国家市场监督管理总局和国家标准化管理委员会	·发布《合规管理体系 要求及使用指南》征求意见稿 该稿基于 ISO 37301：2021 进行修订并代替 GB/T 35770—2017。

在 2018 年 11 月举行的民营企业座谈会上，习近平总书记指出，要在合法合规中提高企业竞争能力，形成更多具有全球竞争力的世界一流企业。在第二届“一带一路”国际合作高峰论坛上，习近平主席进一步明确，共建“一带一路”要引入各方普遍支持的规则标准，推动企业在项目建设、运营、采购、招投标等环节按照普遍接受的国际规则标准进行，同时要尊重各国法律法规。李克强总理也曾在批示中强调，强化合规经营意识是企业“走出去”的前提。他还要求国家发展改革委、商务部、国务院国资委、外交部四部委调查中国企业“走出去”遇到的问题，指导企业特别是国有大中型企业在经营中遵规守

法，切实防范风险。

2021 年 12 月，国务院国资委发布《关于进一步深化法治央企建设的意见》，提出认真落实全面依法治国战略部署，持续深化法治央企建设，着力构建世界一流企业的合规制度体系，不断提升依法治企能力，助推企业高质量发展。2021 年 12 月 3 日，国务院国资委再次召开中央企业“合规管理强化年”工作部署会，强调中央企业必须把强化合规放到贯彻习近平法治思想的高度来认识，放到落实全面依法治国战略的全局来部署，放到保障企业高质量发展的层面来推动，力争通过一年时间推动企业合规管理工作，建立健全企业合规管理体系，真正发挥规范管理、防控风险、支撑保障的重要作用。

同时，中国政府也更加积极地参与全球反腐败与合规管理的国际合作。2014 年亚太经合组织（APEC）北京会议通过了《北京反腐败宣言》（简称《宣言》），中国是《宣言》的发起者和参与者。此外，中国还参与发起并通过了《亚太经合组织预防贿赂和反贿赂法律执行准则》《亚太经合组织高效率公司合规项目基本要素》等重要文件。同时，中国也积极加入各类世界级别的公约，如《联合国反腐败公约》《国际商务交易中打击勒索和贿赂行为准则》等。作为中国的企业，必然要顺应全球合规治理加强的大趋势，履行公约所规定的义务，积极预防和应对商业贿赂，树立和维护国家形象。

（三）中国企业境外经营合规管理的重要意义

合规管理是企业稳健经营运行的内在要求，也是防范违规风险的基本前提，是每一个企业都必须重视且进行管理的一部分，也是保障自身利益的有力武器。

合规管理可以防止决策失误。领导者的权限较大，再小的决策失误都有可能引发公司的多米诺效应。合规化管理能够通过约束高层领导人员的相关行为，最大限度地减少因决策失误而带来的经营风险。

合规化管理是规范员工行为的有效手段，通过建构科学的企业合规文化以及合规体系，有利于让员工养成合规化的习惯，避免违规风险。同时在制度层面向广大员工普及合规管理的相关条例，有利于让员工自觉自律地避免违规化操作。

对于境外经营的中国企业来说，合规管理还有着更多更高层次的意义。

1. 树立和维护国家形象的需要

跨国企业虽然具有国际性，并且遵循基本的商业逻辑行事，但在以国家为主体的当代世界中，让人产生的第一印象还是其国家形象。如果中国企业在“走出去”的时候能够塑造一个遵规、亲和、友善、负责的中国形象，就会减少许多冲突和困境。因此，建立合规体系并使其有效运行，是使企业所有商业活动始终保持合法合规的基本保障，是中国企业在境外经营时，树立和维护国家整体形象、提升企业国际声誉的最基本条件。

2. 文化融入的需要

在国际市场上，我国企业在工程建设领域技术方面的差距并不大，但在管理和文化层面还有很大差距。因此，建设与国际经营接轨的先进企业文化，转变思想观念、改变思维方式，成为我们参与国际竞争的关键因素。

在合规经营、反对腐败成为主流价值观的大背景下，我们首先要创新的就是合规文化。要把文化理念转变为行为，需要通过建立系统的制度，将合规要求融入具体的工作流程及岗位中，持之以恒地严格执行。将表面的合规管理逐渐变成习惯，形成一种严谨的行为方式。通过合规制度的建立与执行、合规文化的培育，将管理文化由任意型、粗放型向信誉型、集约型转变。

中国文化比较强调变通、灵活，有时候这是优点，有时候就容易出问题。企业要想真正融入国际大家庭，实现做强做优，就必须对我们的行为方式和道德文化进行认真反思和总结，学会遵守国际游戏规则，才有可能自立于世界大企业之林。

3. **市场竞争的需要**

随着中国企业的发展壮大，一部分中国企业已处于发展变革的重要阶段。在这个阶段中，一是面临更多、更复杂的合规风险。二是在合规要求更严格的环境下参与市场竞争是未来的发展趋势，这就决定我们只有走合规经营之路，才能防范合规风险，才能在世界范围内和发达国家跨国公司竞争。而合规经营又能反过来提升企业的信誉，从而增强国际竞争能力。通过行为的合规来进一步保障执行结果正确，这也是提升企业经营质量的必选之路。

4. **防范政治风险的需要**

当前，世界正在经历大变局，人类社会进入大发展、大变革的新时代。世界多极化、经济全球化、社会信息化、文化多样化持续发展，全球治理体系和国际秩序变革持续推进，各国相互联系和依存大大加深，国际力量分布趋于重构，国际社会对于可持续发展的呼声更加强烈。与此同时，新冠疫情在世界范围内持续蔓延，国际及地区安全形势日趋复杂，全球性威胁挑战日益上升。国际上少数势力继续顽固奉行单边主义，诉诸强权政治，干涉他国内政，损害他国正当权益，制造矛盾、分歧和对抗，阻碍人类社会发展进步。

在这样恶劣的国际形势背景下，作为后起之秀的中国企业，在国际市场上的一举一动都备受关注，一旦出现失误就会被无限放大、抹黑。如何保持合规经营，不被某些国家用经济规则的借口制约发展，对于应对极高的地缘政治风险具有积极意义。

（四）工程建设企业境外经营合规管理的重要性

自 2013 年我们提出共建“一带一路”倡议以来，引起越来越多国家热烈响应，共建“一带一路”正在成为我国参与全球开放合作、改善全球经济治理体系、促进全球共同发展繁荣、推动构建人类命运共同体的中国方案。而这其中，对外工程承包企业是共建“一带一路”的“排头兵”和“重点戏”，我们与“一带一路”沿线国家一起，以基础设施互联互通建设为起点和重点，共同建设了许多重大项目，对切实改善相关国家的基础设施状况发挥了重要作用。互联互通的基础设施发展目标更为对外工程承包业务注入了活力和动力。

随着共建“一带一路”向高质量发展方向不断推进，对外承包工程业务面临发展方式创新、合规合法经营等重大挑战。近年来，每年政府报告都指出了：高质量共建“一带一路”，坚持共商共建共享。其中特别强调要“遵循市场原则和国际通行规则”。这必然要求“走出去”的中国企业把境外合规经营放在首位，不搞内幕交易，不钻漏洞空子，树立起境外合规经营优秀典范的形象，让国际社会看到，惠及世界人民的“一带一路”是有规矩、守规矩的“一带一路”。同时，企业也能通过完善合规运营体系，形成合规文化，进一步提升在国际市场中的声誉和竞争力，朝着良性、健康的方向行稳致远。

五、合规管理与风险管理和企业内部控制的关系

（一）三者的含义

1. 合规管理

合规管理的定义如前文所述。

2. 内部控制

内部控制是指企业和各个组织在经济活动中建立的一种相互制约的业务组织形式和职责分工制度，是为了实现其经营目标，保障资产的安全、完整，保证会计信息资料的准确可靠，确保企业经营方针的贯彻执行，以及经营活动的经济性、效率性、效果性，而在企业内部采取的自我调整、约束、规划、评价和控制的一系列方法、程序与措施的总称。

1980 年后，美国 COSO 委员会（全美反舞弊性财务报告委员会发起组织）将“内部控制”定义为“一个组织设计并实施的程序，以便为达到该组织的经营目标提供合理保障”。

在 COSO 委员会制定的内部控制框架中，把内部控制活动分成五大组成部分，即控制环境、风险评估、控制活动、信息与交流、监督评审。

2002 年，美国成立的上市公司会计监管委员会明确采用了《COSO 内部控制整合框架》作为内控评价的标准体系。许多国家和地区的资本市场也采用了《COSO 内部控制整合框架》，有些国家和地区在参照该框架的基础上建立了自己的内控体系。

我国在 2005 年先后出台了《上交所上市公司内部控制指引》和

《深交所上市公司内部控制指引》两个文件。这两个文件参照了美国《萨班斯法案》的要求，在理论体系上和《COSO 内部控制整合框架》一脉相承。

3. **风险管理**

风险管理是指通过对风险的识别、评估，选择最有效的应对方式，在事前主动地、有目的地、有计划地处理风险，以最小成本争取获得最大安全保证的管理方法。

企业风险管理理论的发展大致分为三个阶段。

第一阶段是以“安全和保险”为特征的风险管理。100 多年前航运企业风险管理的主要措施就是通过保险把风险转移给保险公司。

第二阶段是以“内部控制和控制纯粹风险”为特征的风险管理。随着工业革命的发展，公司对业务管理和流程方面的内部控制提出了要求。美国 1977 年的《反海外腐败法》要求公司管理层加强内部会计控制，1992 年的《COSO 内部控制整合框架》提出以财务管理为主线的内部控制系统。

第三阶段是以“风险管理战略与企业总体发展战略紧密结合”为特征的全面风险管理。风险管理实践表明，仅靠内部控制难以实现企业的最终目标。为此，COSO 委员会于 2004 年 9 月出台了《COSO 企业风险管理整合框架》，提出了由三个维度构成的风险管理整合框架。

我国国务院国资委于 2006 年发布《中央企业全面风险管理指引》，标志着我国中央企业建立全面风险管理体系工作的启动。

（二）三者的侧重点

合规管理是内部控制的一个重要方面，也是风险管理的一个关键环节。内控制度的完善离不开合规化的管理及操作。

这三者各有侧重点，详见表 1–2。

表 1–2 合规管理、内部控制与风险管理的侧重点

合规管理	内部控制	风险管理
1. 反商业贿赂、反欺诈、反舞弊； 2. 反垄断、反不正当竞争、反洗钱； 3. 贸易管制、海关估值、转移定价； 4. 数据安全、信息保护、隐私保护； 5. 高管刑事责任； 6. 税务合规； 7. 安全健康环保； 8. 知识产权保护。	1. 组织架构的设计与运行； 2. 发展战略的制定与实施； 3. 人力资源的引进与开发、使用与退出； 4. 安全生产、产品质量、环境保护与资源节约、促进就业与员工权益保护； 5. 企业文化的建设与评估； 6. 资金活动：筹资、投资和资金营运； 7. 采购业务：购买、付款； 8. 资产管理：存货、固定资产、无形资产； 9. 销售业务：销售、收款； 10. 研究与开发：立项与研究、开发与保护； 11. 工程项目：立项、招标、造价、工程建设、工程验收； 12. 担保业务：调查评估与审批、执行与监控； 13. 业务外包：承包方选择、外包实施； 14. 财务报告：编制、对外提供、分析利用； 15. 全面预算：编制、执行、考核； 16. 合同管理：合同订立、履行； 17. 内部信息传递：内部报告的形成、内部报告的使用； 18. 信息系统：开发、运行与维护。	1. 战略风险； 2. 财务风险； 3. 市场风险； 4. 运营风险； 5. 法律风险； 6. 环境风险； 7. 政策风险； 8. 技术风险。

合规管理的核心是若企业不合规，“企业及相关利益主体将遭遇声誉损害、高额赔偿，乃至刑事处罚”。将企业和个人行为纳入合规管理体系中，保障主体不因不合规而遭受以上损失。这是合规管理的驱动力，也是合规管理的内在核心。完善的合规体系可成为减轻责任的抗辩理由，这是合规可创造的价值，也是锦上添花的事。

内部控制的核心是“通过内部控制五要素，对管理层及员工的行为进行约束，以尽可能实现企业的运营有效、报告可靠、合规这三大目标”。内部控制可以帮助企业实现业绩和盈利目标，同时又保证企业出具的财务报告可靠和企业行为符合法律法规。

风险管理的核心是“以可接受的成本保护和创造价值”。可接受的成本是指企业对风险的偏好程度，保护价值是指企业进行风险管理的基本目的，创造价值是指企业运用风险带来的机会，它是企业进行风险管理的高级目的。随着社会波动性、复杂性和模糊性日益增加，以及利益相关者的参与度越来越高，企业更加需要完善的风险管理机制来应对。将风险管理贯穿于整个企业会产生许多好处，包括增加新的机遇、识别和管理企业的风险、增加竞争优势、减少负面损失、降低绩效偏离度、改善资源部署、提升企业韧性等。近年来，基于风险导向的管理理念逐渐兴起，企业管理中常见的公司治理、企业文化、战略管理、绩效管理、危机管理等方面都可以使用风险管理框架，以促使其更好地标准化、科学化。

（三）三者的关系

合规管理、内部控制、风险管理都是企业治理与管理必不可少的一部分。在经济与社会不确定性不断增加的情形下，以及政策作为经济与社会治理的重要手段不断加强的时代中，在历经一些惨痛教训之后，三者都越发显得重要。

与战略管理、营销管理、人力资源管理等职能与职责相比，合规管理、内部控制与风险管理在企业中偏向于基本保障、风险预防。如果将企业比喻为一辆向前行驶的车辆，那么合规管理、内部控制与风险管理应该类似于刹车、前后护栏、ABS（防抱死制动系统）等组合在一起的功能。

合规管理、内部控制、风险管理侧重的视角不同。合规管理强调对规则（法律、规章制度、商业伦理、当地宗教和文化）的遵守，内部控制强调对行为（企业各层级、业务各环节）的限制，风险管理强调对未来不确定性事件的控制。

合规是内部控制要达到的目标之一，而内部控制则被涵盖在企业风险管理之内，是风险管理的一个基础和组成部分。因此，从三者的内涵来看，合规管理小于内部控制，内部控制小于风险管理。但从价值上来看，三者目前并不是可以相互取代的。

Chapter 2
第二章

塞尔维亚概况

一、地理位置和人口分布

（一）地理位置

塞尔维亚共和国位于巴尔干半岛中北部，东北与罗马尼亚、东部与保加利亚、东南与北马其顿、南部与阿尔巴尼亚、西南与黑山、西部与波黑、西北与克罗地亚、北部与匈牙利相连。国土面积 8.85 万平方千米（科索沃地区[1] 1.09 万平方千米）。北部为著名的伏伊伏丁那多瑙河冲积平原，地势平坦，土壤肥沃，被誉为粮仓。中部、东部、西部及南部为丘陵和山地。

塞尔维亚属东 1 时区，比北京时间晚 7 个小时。每年 3 月底至 10 月底实行夏令时，比北京时间晚 6 个小时。

（二）人口分布

根据塞尔维亚统计局数据，2021 年估计人口为 683.4 万人（不含科索沃地区），其中女性占 51.3%（350.7 万人），男性占 48.7%（332.7 万人），人口增长率为-9.4‰。城市人口超过 60%，劳动力人口约占总人口的 64.4%。塞尔维亚北部地区人口约占总人口 51.4%，南部地区人口约占 48.6%。

当前，在塞尔维亚的华人约 5000 人，绝大部分经商，以零售业为主，主要集中在贝尔格莱德、诺维萨德、尼什、潘切沃、莱斯科瓦茨等城市，一些中小城镇亦有中国商人开设的商铺。

---

[1] 科索沃地区位于塞尔维亚西南部，于 2008 年单方面宣布独立，并获得国际上部分国家的认可。塞尔维亚虽然承认其民选政府，但只承认该地区为塞尔维亚的两个自治省之一。

二、自然环境和自然资源

（一）自然环境

1. 气候条件

塞尔维亚北部属温带大陆性气候，南部受地中海气候影响，四季分明，雨量充沛。夏季炎热，7—8 月气温最高 35 摄氏度，平均气温 25~28 摄氏度；春、秋气候宜人，平均气温 15 摄氏度；冬季 1—2 月气温最低零下 10 摄氏度，平均气温 0~5 摄氏度。年均降雨量平原地区为 660~880 毫米，山区为 880~1200 毫米。

2. 地形地貌

塞尔维亚大部分地区山丘起伏，中部和南部多丘陵和山区，而北部则以平原为主。东、西部分别为斯塔拉山脉和迪纳拉山脉的延续；北部的伏伊伏丁那平原为多瑙河中游平原的组成部分，河网稠密，土壤肥沃；南部多山脉、丘陵，由科索沃盆地和梅托西亚盆地组成。

3. 水系

塞尔维亚的河流属于三个水系：黑海水系、亚得里亚海水系和爱琴海水系。欧洲第二大河多瑙河及其支流萨瓦河、蒂萨河、莫拉瓦河、蒂莫克河等流域极其辽阔。多瑙河的五分之一流经塞尔维亚境内，在此与支流萨瓦河、蒂萨河汇合后，折向东南，构成塞尔维亚与罗马尼亚的界河。塞尔维亚天然湖泊稀少而小，但修建有不少人工湖。

科索沃富有水力资源，其中最大的河流有白德里姆河（属亚得里亚海水系）、伊巴尔河和比纳奇卡莫拉瓦河（属黑海水系），以及奈罗德尼卡河河流分叉，一支流入黑海，另一支流入爱琴海。

（二）自然资源

塞尔维亚耕地面积占国土面积的55%，森林面积占29.1%。塞尔维亚水力资源丰富，大约92%的领土位于多瑙河流域。塞尔维亚主要矿产资源有褐煤（储量55亿吨）、石油（储量7740万吨）和天然气（储量481亿立方米）。

此外，塞尔维亚硼酸锂储量及品位居世界前列。美国地质调查局2019年的数据显示，塞尔维亚已探明锂矿储量为100万吨，已经是欧洲锂矿资源最丰富的国家之一。

三、经济状况和发展规划

（一）经济状况

1. 总体经济

近年来，塞尔维亚局势较为稳定，塞尔维亚政府积极实行经济改革，推进私有化，改善投资环境，各项经济指标逐步趋稳，财政赤字率、债务占国内生产总值（GDP）比重和失业率均呈下降态势。2019年，塞尔维亚GDP为456.2亿美元，同比增长4.3%；人均GDP为6567.9美元。

受新冠疫情影响，2020年塞尔维亚GDP下滑0.9%。塞尔维亚政府采取了包括向企业和个人发放现金补贴、推迟纳税、贷款、担保计划、降低利率和简化大型企业债券发行流程等扶助措施，以应对新冠疫情对经济造成的影响。2021年在私人消费和投资推动下，塞尔维亚经济恢复增长，并超过疫情前水平，达到7.5%。

2022年初，塞尔维亚的宏观经济发展总体上处于预期水平，俄乌冲突导致的新的全球冲突并未对塞经济增长造成太大的负面影响。根据塞尔维亚统计局数据，2022 年塞尔维亚第一季度 GDP 增长率为 4.3%，而第二季度 GDP 增长率放缓至 3.9%。上半年的经济增长主要由服务业带动，其中贸易、运输、旅游和通信信息技术领域的贡献最大，占 GDP 增长总量的一半左右。尽管电力生产量显著下降，但由于前期投资的影响，加工业和采矿业发展良好，工业总产值取得 3.3%的增长。建筑业总产值下降了 5.3%，一方面是由于上年同期基数较高，另一方面则是因为建筑材料价格的强劲上涨。

从消费总量看，2022 年上半年 GDP 增长完全由内需拉动，净出口贡献为负。疫情情况好转、劳动力市场改善以及人口可支配收入的增加，推动私人消费增长 5.3%。尽管国际环境发展不利，但投资也取得了 1.4%的增长。国际贸易方面，在此期间外部需求强劲，出口活动增长 19.9%，进口活动增长 22.3%，满足了国内消费需求和一定的能源进口需求。

但是随着俄乌冲突的进一步升级以及国际政治和经济关系紧张，伴随着国际能源价格飙升，以及随之而来的全球贸易和外国需求下降，塞国内经济活动有所放缓。根据塞财政部制定的经济活动指标，7 月、8 月和 9 月 GDP 各取得 1.1%、2.1%和 0.8%的增长，主要原因是工业生产和服务业活动放缓，农业活动也由于气象条件恶劣而衰退。家庭消费放缓，政府支出和固定投资也都有所下降。财政部将 2022 年全年经济增长预期下调至 2.5%。国际货币基金组织（IMF）对塞尔维亚 2022 年的经济增长预期为 3.5%。

2017—2021 年塞尔维亚宏观经济数据见表 2-1。

表 2-1　2017—2021 年塞尔维亚宏观经济数据

年份	GDP 总额（亿美元）	GDP 增长率（%）	人均 GDP（美元）
2017 年	418.4	2.1	5959.5
2018 年	437.2	4.5	6261.5
2019 年	456.2	4.3	6567.9
2020 年	452.0	-0.9	6552.1
2021 年	486.2	7.5	7113.6

资料来源：世界银行。

注：为便于比较，GDP 总额以及人均 GDP 均以 2015 年不变价美元为基准。

2. 产业结构

世界银行数据显示，2021 年，塞尔维亚三大产业增加值占 GDP 的比重分别为：农业占 6.3%，工业占 25.0%，服务业占 51.4%（见表2-2）。

表 2-2　2017—2021 年塞尔维亚产业构成

（单位：%）

指标	2017 年	2018 年	2019 年	2020 年	2021 年
农业增加值占 GDP 比重	6.0	6.3	6.0	6.3	6.3
工业增加值占 GDP 比重	26.1	25.5	25.6	24.9	25.0
服务业增加值占 GDP 比重	50.9	51.0	51.2	51.9	51.4

资料来源：世界银行。

3. 财政收支

塞尔维亚财政部数据显示，2022 年塞财政预算赤字 0.24 万亿第纳尔（约合 20 亿欧元），约占 GDP 的 3.1%，同比减少 1 个百分点；收入 1.68 万亿第纳尔，支出 1.92 万亿第纳尔；公共债务占 GDP 的

55.7%，同比减少 1.4 个百分点。

2022 年 12 月，塞财政赤字 1542 亿第纳尔；收入总额 1612 亿第纳尔，其中税收 1336 亿第纳尔。税收收入最多的三类分别是：增值税 687 亿第纳尔、消费税 309 亿第纳尔、利润税 146 亿第纳尔。非税收入 248 亿元，12 月份接收援款 28 亿第纳尔。支出总额 3154 亿第纳尔，其中公务员支出 303 亿第纳尔，资本支出 1221 亿第纳尔，补贴 316 亿第纳尔，服务和商品使用支出 235 亿第纳尔。

4. 通货膨胀

2022 年以来，塞尔维亚的通货膨胀率持续走高。塞官方统计数据显示，2022 年 12 月的通货膨胀率与 11 月持平，达到 15.1%，年平均通胀率为 11.9%。

其中 12 月食品价格涨幅达 24.3%，食品中的牛奶、奶酪和鸡蛋价格涨幅高达 43.3%，肉类价格上涨 20.1%，鱼类价格上涨 26.7%，食用油价格上涨 21.0%，水果价格上涨 20.2%，蔬菜价格上涨 18.4%。家庭支出的增长主要受住房租金价格上涨的影响，涨幅为 27.8%，其次是公寓维护资金上涨 29.4%，固体燃料价格上涨 51.4%，家庭用电价格上涨 10.7%。此外，个人护理产品价格上涨 22.9%，报纸和杂志价格上涨 28.6%，餐厅和酒店服务价格上涨 21.8%。价格下降的“唯二”项目是航空客运和录音录像设备，分别下降 0.2%和 2.1%。

5. 汇率

近年来，第纳尔对美元和欧元汇率总体保持稳定态势。2022 年前 4 个月，在世界市场能源价格上涨的情况下，能源进口对外汇的需求增加，导致货币贬值压力普遍存在。俄乌冲突导致的全球不确定性也使公民对外汇的需求创下新高。为保持第纳尔对欧元汇率的相对稳定，塞尔维亚国家银行 2022 年前 4 个月在外汇市场净卖出 22.7 亿欧元。5

月以来，随着能源进口的外汇需求持续增加，居民个人对外直接投资和出口供汇增加、有效净购汇高企，第纳尔升值压力明显。但在没有投资组合流出的环境下，外来游客增长，来自授权货币兑换商和自然人的外汇增加。2022 年 5 月至 10 月末，塞尔维亚国家银行净买入 23. 7 亿欧元，弥补了前 4 个月的净卖出外汇。10 个月内，塞尔维亚国家银行净买入 1 亿欧元的外汇，第纳尔兑欧元名义升值 0. 2%。

6. **外汇储备**

根据塞尔维亚国家银行数据，2023 年 1 月末塞尔维亚外汇储备较上个月增加 14. 976 亿欧元，总额达 209. 133 亿欧元，为 2000 年以来的月末最高水平。

1 月末外汇储备可确保覆盖 182%的狭义货币（M1）货币供应量和 5. 8 个月的商品和服务进口，几乎是国际公认的警戒线标准的 2 倍。外汇储备净额[1]为 169. 723 亿欧元，与上年同期相比增加了 15. 467 亿欧元。

7. **对外贸易**

根据塞尔维亚统计局数据，2022 年 1—12 月，塞尔维亚进出口总额 7. 83 万亿第纳尔，约合 702. 07 亿美元或 666. 13 亿欧元，较上年同比增加 31. 0%。其中，出口总额 3. 24 万亿第纳尔，约合 290. 58 亿美元或 276. 05 亿欧元，较上年同比增加 26. 2%；进口总额 4. 58 万亿第纳尔，约合 411. 49 亿美元或 390. 09 亿欧元，同比增加 34. 7%；贸易逆差 1. 34 万亿第纳尔，约合 120. 90 亿美元或 114. 04 亿欧元，同比增加 61. 0%。

---

[1] 外汇储备总额减去强制性储备金、IMF 相关安排等剩余的银行外币资产。

（二）重点/特色产业发展情况

1. 农业

农业是塞尔维亚传统优势产业之一。塞尔维亚土地肥沃，雨水充足，农业生产条件良好。塞尔维亚共有农业土地509万公顷，主要集中在北部伏伊伏丁那平原和塞尔维亚中部地区。其中耕地330万公顷，果园24.2万公顷，草场62.1万公顷。在农业生产中，种植业占63.2%，畜牧业占36.8%，主要农作物有玉米、小麦、甜菜、马铃薯、向日葵、苜蓿、大豆、李子及苹果等。虽然农业易受天气灾害影响，产量和出口有所起伏，但一直是塞尔维亚出口创汇的主要产品之一。

2022年塞尔维亚农产品对外贸易总额79亿欧元，较上年增长20.1%。农产品出口额48亿欧元，较上年增长13.4%，占塞外贸出口总额的17.3%。出口增加的主要原因是农产品价格上涨。农产品进口额31亿欧元，较上年增长32%，占塞进口商品总额的8%。塞尔维亚商会数据显示，2022年小麦平均出口价格较上年增长47.6%，树莓价格增长37.6%，玉米价格增长36.1%。2022年前10个月农产品进出口顺差16亿欧元，同比收窄10.8%。

从产品结构看，塞尔维亚出口最多的是水果和蔬菜，占比24.3%，谷物占比20.4%，烟草占比9.7%，饮料占比8.1%。进口产品中，水果和蔬菜占比19.4%，其次是咖啡、可可、茶叶、香料及其制品，占比11.2%，烟草占比9.2%。进口含糖饮料、大豆、新鲜土豆、牛奶和冷冻肉类占比也显著增加。

2022年塞尔维亚最重要的农产品出口目的地是欧盟国家，占出口总额的50.7%（21亿欧元）；其次是中欧自由贸易区（CEFTA）国家，占出口总额的26.5%；对俄罗斯出口占比6.3%。与2021年相比，对欧盟国家出口增长 7.8%，对 CEFTA 国家出口增长 22.7%，对俄出口增长 18.1%。最大进口来源地为欧盟国家，进口额 21 亿欧元，较上年增长 35.3%。

2. 汽车工业

汽车工业曾是塞尔维亚经济的辉煌产业之一。2008 年，塞尔维亚政府再次将汽车工业列为经济重点发展产业，引进意大利菲亚特集团控股原属国有的克拉古耶瓦茨市红旗汽车厂，并以此为中心重建汽车产业中心，包括整车制造和零配件生产，计划将其打造成东南欧地区的汽车制造和零配件加工中心。2001 年以来，共有 60 家外资企业在塞尔维亚投资汽车组装、零配件生产等项目，投资总额约 17 亿欧元，创造了 2.7 万个就业机会，占塞尔维亚吸引外资总量的 10%，其中意大利菲亚特汽车集团投资达 10 亿欧元。

2017 年，中国汽车零部件生产商美达集团投资建成塞尔维亚工厂。2018 年，中国轮胎生产商山东玲珑集团和汽车零部件厂商敏实集团在塞尔维亚投资建厂。2019 年，星宇车灯和延锋汽车分别在塞尔维亚设厂。

3. 信息通信技术产业

信息通信技术（ICT）产业是塞尔维亚具有比较优势的产业之一。塞尔维亚共有 1600 余家信息通信技术企业，约 4.5 万名从业人员。微软也在塞尔维亚投资设立了研发中心，拥有 130 余名技术人员。

塞尔维亚工程师、技术人员良好的教育背景和相对较低的薪资水平是塞尔维亚信息通信技术产业的核心竞争优势。

同时，信息通信技术产业也是塞尔维亚政府大力推动发展的核心产业之一，计划将其打造为塞尔维亚经济的支柱产业。塞尔维亚政府积极完善信息通信产业法律法规，推动实施电子商务、电子政务、电子财会、电子健康等智能信息化计划，以提升政务公开、商业效益、政府廉洁和民生关怀水平。此外，塞尔维亚进一步向国外投资者开放了数字电视、有线和无线宽带网络基础设施等信息通信市场，希望吸引更多外商投资。

4. **钢铁产业**

塞尔维亚唯一的钢厂——斯梅代雷沃钢厂始建于1913年，可生产热轧板、酸洗卷、冷轧卷和电镀锡板等产品。该厂拥有员工5000余人，设备较为老旧，以二十世纪七八十年代的设备为主，年产能约200万吨。2003年，美国钢铁公司以2300万美元的价格收购该钢厂。美国钢铁公司控股期间，斯梅代雷沃钢厂产品年出口额可占塞尔维亚年出口总额的13%。2012年1月，因金融危机、全球钢铁市场下行、钢厂销售业绩不佳等原因，美国钢铁公司将斯梅代雷沃钢厂以1美元的象征性价格回售给塞尔维亚政府。此后塞尔维亚政府数次就钢厂私有化进行公开招标，但均以失败告终。2015年，该钢厂产量不足90万吨，亏损约1.2亿欧元。2016年4月18日，河北钢铁集团同斯梅代雷沃钢厂签署收购协议。河北钢铁集团收购钢厂全部资产，并全部接纳其工人，当年实现扭亏为盈。

5. **采矿业**

采矿业是塞尔维亚重要的经济部门。当前，采矿业约占塞GDP的2%。近年来，塞尔维亚政府重视采矿业发展，加大资金投入，为外资引进创造有利环境，力争将采矿业占GDP比重提升至4%左右。当前约有20家外国公司在塞开采经营，包括紫金矿业集团、力拓集团、Nevsun集团、Mineco集团等。

塞尔维亚矿产资源90%由石油、天然气、煤炭及铜等金属矿物质组成。金属矿产主要分布在塞尔维亚东部地区。西部洛兹尼察附近还探明有硼酸锂矿床，是世界上最优质的锂矿床之一。

6. **数字化技术**

塞尔维亚数字化领域发展还处于起步阶段。近年来，政府重视数字化发展，逐步加大投入力度，制定了《2020—2024年数字技能发展战略》，鼓励初创企业发展。当前，塞尔维亚信息通信行业从业人员达11.8万人，年出口额14.4亿美元。数字化正逐步覆盖学校、政府办公部门等机构。

点评：

塞尔维亚建设、运输和基础设施部与塞尔维亚电信于2023年2月13日达成合作协议，为国家实施的基础设施项目提供数字化解决方案并惠及民众。建设、运输和基础设施部部长韦西奇表示，塞尔维亚2023年将投资36亿欧元用于基础设施建设，与塞尔维亚电信的合作将有助于通过数字解决方案让公民更方便地使用公路和铁路。塞尔维亚电信首席执行官鲁契奇表示，通过与国家合作这种方式，该公司获得了地区领导者的荣誉。双方一直保持良好合作，如在贝尔格莱德—诺维萨德高速铁路段覆盖互联网服务，并发展线上购票服务。

（三）发展规划

1. **中长期经济发展规划**

塞尔维亚政府最新出台的中长期经济发展规划包括以下三个方面：

（1）实行经济改革。

推动制定相关改革法案，消除腐败，吸引投资，建立良好的市场环境；鼓励创业，促进中小企业发展；巩固财政，开源节流，使政府有更多资金促进教育、医疗卫生和基础设施建设，改善人民生活水平。

（2）继续推进国企私有化进程。

根据企业具体情况，采取适当措施，对包括电信、电力、天然气、铁路等大型国企进行重组。

（3）改革政府管理方式，提高管理能力。

在政府架构上，政府内部成立项目实施小组，监督政策、法律的落实情况，该小组直接向财政部部长和总理汇报。各部长半年接受一次考评，替换不称职阁员，各部门将在鞭策中协同工作。削减公务人员数量、提高工作能力和责任意识，加强对各级公务员的教育和培训，改进公务员录用和晋升机制。增强政府电子化办公。地方政府员工数量将根据人口和经济发展情况确定。

2.《塞尔维亚2025发展计划》

2019年底，塞尔维亚宣布实施《塞尔维亚2025发展计划》，以促进塞尔维亚经济增长。该计划包括一揽子投资项目，投资总额约140亿欧元，主要投向基础设施建设、科研教育、人工智能及医疗保健等领域。资金来源于财政预算及国际金融机构贷款。

3.《2023—2025年经济改革方案》

近年来，塞尔维亚政府不断推进经济改革计划，以每三年作为一个经济改革区间，逐步稳定塞尔维亚经济和金融、减少债务，为经济复苏和增长、促进就业和提高人民生活水平创造条件。2022年，塞尔维亚政府通过《2023—2025年经济改革方案》。

该改革方案提出了塞经济实现包容性增长和相关结构改革的三个关键挑战：

一是增加就业，尤其是青年、妇女和弱势群体的就业，增加社会保障，降低贫困风险；

二是改善营商环境，促进投资；

三是绿色能源转型和全面开放能源市场。

在此基础上，塞政府提出了22项结构化改革，涵盖青年保障体系、电子化转型、公共财政管理、投资者保护、发展创业生态系统等多个领域。

4.《2021—2026 **年就业战略**》

该战略通过改善工作监管框架，使工作实践正规化。对青年和妇女创业提供系统性方法以及额外的教育和培训，建立青年保障体系，增加对青年的财政预算投资等，建立稳定和可持续的就业增长，并提高青年在劳动力市场中的地位。

5.《2030 **年教育和教养发展战略**》

该战略提出了两个总体目标：一是针对大学前的教育和培养，提高教学质量、教育的公平性和可及性，并加强教育机构的教育功能；二是提高高等教育的公平性、可及性及质量。

为了实现这些目标，该战略计划采取措施改进教与学、质量保证体系，发展教育中的数字化应用，改善终身学习条件等，在高等教育方面，将采取措施改善高等教育质量和人力资源水平，提高其覆盖率和公平性，并推进数字化相关措施。

6.《2021—2025 **年科技发展战略**》

该战略旨在提高科学、技术发展和创新的质量，并进一步将塞科学、技术和创新体系融入欧洲研究区，为塞尔维亚的加速发展作出贡献。专项目标旨在确保科技发展和创新的必要条件，提高科研系统资源的利用效率和研发质量，增强国家竞争力，并加强国际合作。该战略还提出了与人力资源开发相关的措施，包括让年轻研究人员参与科研工作等。

7. 《2020—2024 **年数字技能发展战略**》

该战略的总体目标是提高所有公民的数字知识和技能，监测所有领域的信息和通信技术发展，确保经济和劳动力市场的需求，也包括提高教育系统的数字能力、发展与劳动力市场相关的数字技能等。

四、国家象征和政治制度

（一）国家象征

1. 国旗

塞尔维亚共和国国旗呈长方形，长宽比例为 3 : 2，旗面自上而下依次由红、蓝、白三道平行相等的条纹组成。红、蓝、白三色是斯拉夫传统色，三色组合形成于 1835 年奥斯曼帝国统治塞尔维亚时期，象征勇气（红）、团结（蓝）和希望（白）。国旗中间偏左有塞尔维亚国徽（见图 2-1）。

塞尔维亚国旗于 2004 年 8 月 16 日采用，在 2006 年 11 月 8 日生效的宪法中得到保障，2010 年 11 月 11 日对旗帜上的国徽图案作出修改。

图 2-1　塞尔维亚国旗

2. **国徽**

塞尔维亚国徽启用于 2004 年，分为大小两种。大国徽原来是塞尔维亚王国国徽，亦为南斯拉夫王国国徽以及奥布廉诺维奇王朝王徽，为小国徽覆以斗篷和王冠（见图 2–2）。小国徽为红色，盾面上方有一顶金色王冠，是过去塞尔维亚王国的象征。盾面内有自拜占庭帝国时期即流传下来的南欧斯拉夫民族象征——双头鹰。鹰的胸部有一个被白色十字居中分割成四个区域的红色小盾徽，每一区域里又绘有水平向外的白色火镰，象征“唯有团结拯救塞尔维亚人”的传统国家格言。

图 2–2 塞尔维亚国徽

3. **国歌**

《正义的上帝》是塞尔维亚共和国国歌，创作于 1872 年，由达沃林 · 延科作曲，约万 · 焦尔杰维奇作词。由于当时塞尔维亚是一个君主制国家，歌词是用以颂扬君王的。

（二）政治制度

塞尔维亚为议会共和制国家，实行三权分立的政治体制，立法权、司法权和行政权相互独立，相互制衡。

1. 宪法

2006年11月，塞尔维亚议会通过新宪法。根据新宪法，塞尔维亚是塞尔维亚民族和所有生活在塞尔维亚公民的国家，建立在法制和社会公正基础上，奉行民主，尊重人权和少数民族权利，认同欧洲的原则和价值观。

2. 总统

总统为国家元首，是国家的最高代表，由全民直接选举产生，任期5年。根据塞尔维亚宪法规定，总统象征国家统一，其权限包括在国内外代表塞尔维亚国家、宣布由议会制定的法律、提名总理候选人及议会特定职位的候选人、根据政府提案委任或废除塞尔维亚大使等。总统最重要的权限之一为军队指挥权，即委任、提拔或废除军官。

2017年4月2日，塞尔维亚举行总统选举，前进党主席、时任总理阿莱克桑达尔·武契奇当选。2022年4月胜选连任，5月31日就任。

3. 议会

塞尔维亚实行一院制，议会全称为塞尔维亚共和国国民议会，是国家最高权力机构，也是国家的立法机关。议员由全民直选产生，任期4年。议会享有广泛的立法权限（批准和修改宪法、颁布法律、批准国家预算等）、国家机构要职选举权（如选举政府成员、宪法法院法官、巡视官和最高法院院长）以及国家机构监督权，同时行使代议职能，即审查公民提交的申诉书及申请书，会见公民并与之就众多议题进行探讨。

本届议会于2022年8月1日成立，共有250个议席。其中，“前进党”联盟120席，“为塞尔维亚胜利而团结”联盟38席，“社会党”联盟31席，“国家民主替代”联盟15席，“我们必须”联盟13席，“塞尔维亚王国爱国集团”和“守护者”党各10席，其余议席由少数民族政党获得。

4. 政府

政府是国家最高权力执行机构，由总理、副总理和其他成员组成，享有行政权，决定国家政策，执行议会颁布的法律和其他一般性规定，提请议会批准法律和其他规定，就其他提案者的法律议案发表意见，以及指导和协调其他行政机关并监督其工作。政府总理由总统提名、议会任命。

本届政府于2022年10月26日宣誓就职。根据总统武契奇提议，并经议会审议通过，阿娜·布尔纳比奇（女）连任新政府总理。新政府设28名部长，其中包括3名不管部长[1]。与上届政府相比，新政府增设公共投资部，科学、创新和技术发展部，旅游和青年部以及信息和电信部。

新政府施政纲领包括发展新能源、改善教育体系、加大对科学和创新投入等。在外交方面，新政府将在尊重国家领土完整和遵守国际法的前提下继续推进加入欧盟进程，通过“开放巴尔干”倡议加强地区合作，保持与其他国家的友谊和伙伴关系。

5. 司法机构

塞尔维亚司法机构包括宪法法院、最高法院、地方各级法院、共

---

[1] 不管部长是指没有部门的部长，或称无任所阁员，主要负责权责横向、并非单一部门能够承担的政务。

和国检察院和地方各级检察院等。其中，宪法法院独立于法院体系外，是独立自主的国家机构，负责维护合宪性及合法性，保护人权与自由。宪法法院管辖事项包括：审查法律和其他一般规定是否符合宪法、经普遍认可的国际法规则和批准加入的国际条约，审查批准加入的国际条约的合宪性，审查其他一般规定的合法性，审查自治省和地方自治政府的法律和一般规定的合宪性及合法性，审查被授权管理公共事务的组织、政党、商会、民间组织的一般规定的合宪性及合法性；协调解决法院和其他国家机关之间的管辖权冲突，协调解决共和国与自治省或地方自治政府之间的管辖权冲突，协调解决自治省和地方自治政府之间的管辖权冲突，协调解决不同自治省之间的或者不同地方自治政府之间的管辖权冲突；确定法律规定不明的纠纷所辖法院，确定政党、工会及协会的禁止事项等。

最高法院及地方各级法院分为一般管辖权法院和特殊管辖权法院。一般管辖权法院包括基层法院、高等法院、上诉法院和最高法院。特殊管辖权法院包括商业法院、商业上诉法院、轻罪法院、高等轻罪法院和行政法院。

最高法院院长和检察院检察长由议会选举产生。

(三) 主要党派

塞尔维亚实行多党制，设党自由。但宪法禁止政党实施旨在暴力推翻宪法秩序，违反普遍人权或少数人权益，煽动种族、民族、宗教仇恨的活动。

塞尔维亚前进党为执政党，成立于 2008 年 10 月。该党政治立场中间偏右，现任党主席为阿莱克桑达尔 · 武契奇。

塞尔维亚社会党成立于 1990 年 7 月，由原塞尔维亚共产主义者联盟和塞尔维亚劳动人民社会主义联盟合并而成，约有党员 50 万名。1990 年起该党一直在南联盟和南联盟塞尔维亚共和国执政，2000 年在南联盟塞尔维亚共和国议会选举中败北，成为在野党。该党主张实行民主社会主义，建立现代法治国家和经济发达、文化繁荣的塞尔维亚。

民主党是主要反对党，前身为 20 世纪初成立的独立激进党，1919 年改名为民主党，1945 年被取缔。1989 年 11 月，南斯拉夫 13 名知识分子决定恢复民主党。1990 年 2 月 3 日，民主党召开正式成立大会。该党主张保障议会民主、法治和人权自由，约有 10 万名党员。

塞尔维亚民主党成立于 1992 年，由民主党分裂产生，约有 8 万名党员。该党致力于建立一个与塞尔维亚民族地位相称的国家；主张改革经济体制和实行私有化；认为塞不能与全世界对抗，但在涉及人民利益的原则上不应让步。

塞尔维亚激进党成立于 1991 年 2 月 23 日，由塞尔维亚切特尼克运动和人民激进党联合组成，约有 19 万名党员，主要由工人、农民、家庭妇女、职员等组成。该党主张多党制、私有化和民主化，主张建立大塞尔维亚国家。1998 年 3 月首次进入塞尔维亚共和国政府，成为塞联合执政党之一。在 2000 年 9 月塞议会选举中失利，成为在野党。

塞尔维亚复兴运动成立于 1990 年 3 月，主张恢复君主政体，崇尚西方式的民主社会的价值观念。该党一度进入联盟政府，后又退出。

自由与正义党成立于 2019 年 4 月，是塞尔维亚一个中间偏左的社会民主主义政党，前身是塞尔维亚左翼和绿色生态党。该党是塞尔维亚联合反对派的成员和欧洲社会党的观察员。

五、政府机构和行政区划

（一）政府机构

本届政府于2022年10月26日成立，由1位总理、1位秘书长、4位副总理（兼任部长）、21位部长及3名不管部长组成。政府部门包括：外交部，财政部，国防部，文化部，经济部，农林水利部，环保部，建设、运输和基础设施部，矿业和能源部，内外贸易部，司法部，国家行政和地方自治部，人权和少数民族权利及社会对话部，内政部，欧洲一体化部，教育部，卫生部，劳工、就业、退伍军人和社会事务部，家庭护理和人口部，体育部，农村事务部，科学、创新和技术发展部（增设），旅游和青年部（增设），信息和电信部（增设），公共投资部（增设）。

经济部主管国内经济、工业、产业发展规划等。

内外贸易部主管内外贸易、商业市场管理与监察、商品质量、安全与检验、消费者权益保护、公共采购等。

建设、运输和基础设施部主要负责塞尔维亚共和国的空间使用、土地的组织规划使用、城市规划，以及涉及铁路、公路、水路和航空运输的行政事务和基础设施的许可证颁发等。

财政部负责制定国家预算，管理财政收支、税务、债务等。

矿业和能源部负责能源与矿产的开发、使用、管理，以及国际能源合作等。

主要政府部门和相关机构网址可见附录1。

（二）行政区划

首都贝尔格莱德市是全国的政治、经济、文化及科研中心，是塞尔维亚最大的城市。著名的城市还有诺维萨德、尼什、克拉古耶瓦茨、斯梅代雷沃、博尔、潘切沃等。

根据塞尔维亚《统计领土单位命名法》，塞尔维亚分为三级区划。划分标准以人口数量为主，兼顾地理位置等其他 4 个指标。第一级区划分为塞尔维亚北部和南部 2 个单位。第二级区划分为 5 个大区，即贝尔格莱德大区、伏伊伏丁那大区组成塞尔维亚北部区划，舒马迪亚和西部大区、南部和东部大区及科索沃和梅托西亚大区组成塞尔维亚南部区划。第三级区划分为 30 个地区，贝尔格莱德大区与地区重合，伏伊伏丁那大区由 7 个地区组成，舒马迪亚和西部大区由 8 个地区组成，南部和东部大区由 9 个地区组成，科索沃和梅托西亚大区由 5 个地区组成。

贝尔格莱德大区面积 3234 平方千米，占塞总面积的 3.7%，人口约占塞总人口的 24%。2021 年，该地区 GDP 为 25187.36 亿第纳尔，占全国 GDP 的 40.2%，在除科索沃和梅托西亚大区以外的 4 个大区中排名第一[1]，人均 GDP 为 149.2 万第纳尔。贝尔格莱德大区主要产业为批发和零售业，交通运输和仓储业，生活服务、修理和其他服务业，住宿和餐饮业等。

伏伊伏丁那大区面积 21614 平方千米，占塞总面积的 24.4%，人口约占塞总人口的 27%。2021 年，该地区 GDP 为 16158.64 亿第纳尔，占全国 GDP 的 25.8%，人均 GDP 为 88.5 万第纳尔。

舒马迪亚和西部大区面积 26493 平方千米，占塞总面积的 29.9%，人口约占塞总人口的 28%。2021 年，该地区 GDP 为 11725.14 亿第纳

---

[1] 从 1999 年开始，塞尔维亚共和国统计局不提供科索沃和梅托西亚大区的部分数据。

尔，占全国 GDP 的 18. 7%，人均 GDP 为 62. 8 万第纳尔。

南部和东部大区面积 26248 平方千米，占塞总面积的 29. 7%，人口约占塞总人口的 21%。2021 年，该地区 GDP 为 9602. 27 亿第纳尔，占全国 GDP 的 15. 3%，人均 GDP 为 66. 1 万第纳尔。

六、社会组织和公共交通

（一）社会组织

1. 工会

工会组织在塞尔维亚有悠久的历史传统，并有很大影响力。南斯拉夫时代，企业的最高权力和管理都属于工会。塞尔维亚正经历经济转型和私有化，但工会仍发挥着重要作用，全国有超过 25000 家注册工会。塞尔维亚全国性的工会组织是塞尔维亚独立工会联盟。同时，各行业有各自的行业工会。如果用人单位的员工超过 50 名，则员工有权组织工会，参与决定员工的社会和经济权利。

[案例 2-1]

2014 年，塞尔维亚政府实行全面的经济改革，旨在降低高额债务，摆脱经济困境，重回经济恢复与长期发展的轨道。为此，塞尔维亚政府实行了包括国有企业私有化、削减公共部门人数及其工资和退休金、修改《劳动法》、提高退休年龄等一系列举措，这一系列举措导致塞 2014 年罢工，尤其是公共部门罢工次数和规模明显增加。据统计，有关工会共组织超过 100 次罢工，参与人数超过 10 万人次，同比增加约 1 倍。2017 年 6 月底，塞尔维亚菲亚特汽车厂工人发动罢工，要求提高工资和改善工作条件。2018

年11月以来，塞尔维亚反政府示威活动频频发生。2019年3月贝尔格莱德的一次抗议活动中，抗议者进入塞尔维亚国家电视台大楼，要求更多媒体自由。

2. **非政府组织**

塞尔维亚非政府组织的地位受到议会肯定，对国家和社会发展有相当的影响力。主要作用体现在民主、人权、消费者权益、妇女和儿童保护、经济和社会发展、反腐败、难民事务等诸多方面。

3. **主要媒体**

（1）通讯社。

南通社为塞尔维亚国家通讯社。此外，还有贝塔通讯社、FoNet通讯社等私营通讯社。

（2）电视媒体。

最主要的电视媒体是塞尔维亚广播电视台（RTS）。

（3）广播媒体。

B92广播电台和贝尔格莱德广播电台是最具影响力的广播电台。

（4）报纸媒体。

全国性综合性日报《政治报》《闪电报》《今日报》《消息报》是发行量最大的报纸，内容覆盖政治、经济、社会、文化等各个方面。另外几家颇具影响力的报纸还有《新闻晚报》《每日日报》等。此外，还有20多种全国性著名杂志刊物，有《新闻周刊》和《时代》等。

（5）网络媒体。

主要的网络媒体是南通社网站、B92网络信息网站。投资和商务服务方面主要包括塞尔维亚开发署网站、塞尔维亚工商会网站。

（6）媒体协会。

塞尔维亚记者协会成立于1881年。总部设在贝尔格莱德，与中国媒体有友好合作往来。

点评：

塞尔维亚主流媒体对华态度友好，总体上能做到客观公正。对共建“一带一路”倡议和中国参与国际抗击新冠疫情合作以正面报道为主。

（二）公共交通

塞尔维亚位于欧洲东南部两个大型欧洲走廊［即泛欧10号公路、铁路走廊和泛欧7号（水运）走廊］的十字路口，是亚洲至中欧货运及客运的主要过境国，其愿景是通过发展联运成为西巴尔干地区的物流中心。

根据塞尔维亚2022年统计年鉴，2021年塞客运千米数同比增长23.6%，货物运输同比增长34.1%，各类交通方式的货物运输量都有所增加。

1. **公路**

塞尔维亚公路网总里程45013千米，其中高速公路1155千米。主干线标准公路5525千米，地区间普通公路13670千米，地方普通公路24540千米。已投入运行的全封闭高速公路498千米，半封闭高速公路246.5千米。

2021年各类道路车辆登记量（不包括轻便摩托车）较2020年均有增长。客运车登记总量为2235794辆，公交车总量为10392辆，货运车总量为268589辆。

2021年公路运输完成旅客周转量358.6万人千米，同比增长16.2%，货物周转量1010.8万吨千米，同比增长30.6%。

2. **铁路**

塞尔维亚现有铁路干线总里程3809千米。其中，单轨线铁路3533

千米，双轨线铁路276千米；实现电气化铁路1254千米，非电气化铁路2555千米；在建或计划改建的干线铁路约380千米。

2021年铁路运输完成旅客周转量19.1万人千米，同比增长21.7%，货物周转量292.5万吨千米，同比增长12.0%。

目前，塞尔维亚铁路运营水平相对较低，配套通信设备较为落后，时速60千米以下的火车占52.2%，时速61~80千米的火车占17.9%，时速81~100千米的火车占26.7%，时速101~120千米的火车仅占3.2%。据塞尔维亚国家铁路公司估算，塞尔维亚铁路现代化改造需要90亿~100亿欧元，需要耗时10年以上的时间。如果没有外资投入，塞尔维亚政府无力对铁路设施及运输设备进行全面改造和更新。

塞尔维亚尚无运营高速铁路，匈塞铁路是唯一正在建设中的高速铁路，项目全长350千米，其中塞境内184千米。该项目建成后，不仅能完善塞、匈两国交通网络建设，更能向北联通西北欧国家，向南延伸至希腊港口，成为贯通中东欧地区的骨干铁路线。

点评：

匈塞铁路是一条连接匈牙利共和国首都布达佩斯和塞尔维亚共和国首都贝尔格莱德的双线电气化客货共线高速铁路，是中国与中东欧国家共建“一带一路”的重点项目。匈塞铁路分为匈牙利段和塞尔维亚段，其中塞尔维亚段又分为贝尔格莱德至旧帕佐瓦段（贝旧段）、旧帕佐瓦至诺维萨德段（旧诺段）、诺维萨德至苏博蒂察边境段（诺苏段）。贝尔格莱德至诺维萨德段（贝诺段）已于2022年3月19日通车运营。

3. 空运

塞尔维亚航空公司共有20架飞机，1405个客位，航线总长为47037千米。塞尔维亚共有6个机场，主要机场为贝尔格莱德尼古拉·

特斯拉机场，年客运量约600万人次，货物吞吐量2万余吨，年起降飞机3.4万余架次。

2021年航空运输完成旅客周转量198.3万人千米，同比增长63.3%，货物周转量1.7万吨千米，同比增长8.9%。

2022年中塞先后开通两趟直航（海南航空和塞尔维亚航空），自中国出发旅客赴塞可搭乘直航，也可经由维也纳、法兰克福、伊斯坦布尔和莫斯科中转。

4. 水运

塞尔维亚水路运输较为发达，主要水域包括多瑙河、萨瓦河、蒂萨河等，可运输水路约1680千米，年运货量约1500万吨（主要是原材料和建材）。2021年内河运输货运周转量为188.3万吨千米，同比增长237.5%。塞尔维亚最主要的国际水路运输通道是多瑙河，被称为泛欧7号（水运）走廊，其在塞尔维亚境内通运里程为400多千米，沿线有5个较大河港。

5. 当地交通

在塞尔维亚当地可以通过租车、搭乘出租车或是公交出行。

2021年5月27日，中国和塞尔维亚签署驾驶证互认换领协议。协议生效后，中国驾照持有人（持驾照原件和翻译件）可以在塞尔维亚境内直接驾车或者免试换领当地驾照，准驾车型包括小型汽车和摩托车。协议已于2022年3月13日正式生效，申请互认或换领驾驶证须向塞尔维亚警察局提出申请。国际驾照亦可在塞尔维亚使用。

在塞尔维亚乘坐出租车需提前预约，推荐拨打电话19801或19803，或下载Yandex Taxi应用程序进行预约。出租车按里程计费。切勿乘坐没有出租车标志或不正规的出租车，特别是不要乘坐车顶为白底黑字的出租车。下车时，建议索取并保留好出租车票。

贝尔格莱德有纵贯城际、国际的公交巴士交通网络，连接了东南欧地区和其他 17 个欧洲国家。查询公交线路可下载 Moovit 导航应用程序。需要注意的是，乘坐公交应在街头报亭提前购票，或购买交通卡充值，也可上车后向司机购票，但上车后购票的票价约为提前购票的两倍。上车后须自行买票或刷卡，并保管好票根以备流动检票员查验。

七、外交关系

1. 对外政策

塞尔维亚奉行独立、自主、平衡的外交政策，即“两扇门、四支柱”外交。“两扇门”是指塞尔维亚的外交既面向西方，也面向东方；“四支柱”是指塞尔维亚历届政府一贯强调的四个外交重点：欧盟、俄罗斯、中国、美国。

塞尔维亚外交政策的优先事项包括融入欧洲一体化进程，积极参与国际组织，加强多边主义，为解决气候变化、反恐、可持续发展、能源等问题作出贡献。

2. 同中国的关系

1955 年，中国同南斯拉夫建立外交关系。南斯拉夫解体后，中国驻南斯拉夫大使馆先后更名为中国驻塞尔维亚和黑山大使馆（2003 年）、中国驻塞尔维亚共和国大使馆（2006 年）。2009 年，中塞宣布建立战略伙伴关系。2013 年，中塞两国元首共同签署《中华人民共和国和塞尔维亚共和国关于深化战略伙伴关系的联合声明》。2016 年，中塞两国元首共同签署《中华人民共和国和塞尔维亚共和国关于建立全面战略伙伴关系的联合声明》。

2020 年 2 月，塞尔维亚第一副总理兼外长达契奇访华，王岐山副主席同其会见，王毅国务委员兼外长同其会谈。塞总统武契奇、总理布尔纳比奇、议长戈伊科维奇、第一副总理兼外长达契奇分别致函习近平主席、李克强总理、栗战书委员长、王毅国务委员兼外长，支持中国抗击新冠疫情。习近平主席就塞尔维亚发生新冠疫情致电塞总统武契奇表示慰问。

2021 年 2 月，塞总统武契奇出席中国–中东欧国家领导人峰会。5 月，塞外长塞拉科维奇访华，王毅国务委员兼外长同其举行会谈。6 月，习近平主席同塞总统武契奇通电话。同月，全国人大常委会委员长栗战书以视频方式同塞国民议会议长达契奇举行会谈。7 月，塞总统、前进党主席武契奇出席中国共产党与世界政党领导人峰会。同月，塞总理布尔纳比奇在 2021 年生态文明贵阳国际论坛开幕式上发表视频致辞。9 月，塞总统武契奇以视频方式出席 2021 中关村论坛开幕式并致辞。10 月，王毅国务委员兼外长访塞。

2022 年 2 月，塞总统武契奇来华出席北京 2022 年冬奥会开幕式，习近平主席同其举行双边会见。4 月，王毅国务委员兼外长同塞外长塞拉科维奇通电话。9 月，武契奇总统在产业链供应链韧性与稳定国际论坛上发表视频致辞。同月，武契奇总统在纽约同正在出席第 77 届联合国大会的王毅国务委员兼外长会见。

中塞政府间签有《关于共同推进“一带一路”建设的谅解备忘录》《在共建“一带一路”倡议框架下的双边合作规划》，建有经贸混委会机制，签有《投资保护协定》《避免双重征税协定》《基础设施领域经济技术合作协定》《文化合作协定》《科技合作协定》《中华人民共和国公安部和塞尔维亚共和国内务部合作协议》等协议，并在经贸、军事、科技和文化等领域展开交流与合作。

3. 同欧盟的关系

欧盟是塞尔维亚重要的贸易和投资伙伴，加入欧盟是塞尔维亚外交政策的优先事项。

2008 年 4 月 29 日，塞尔维亚与欧盟签署《稳定与结盟协定》，该协定于 2013 年 9 月 1 日生效。该协定确定了塞尔维亚加入欧盟的前景，并规范了双方在实现正式加入之前的相互关系。

塞尔维亚于 2009 年 12 月 22 日正式提交加入欧盟申请，并于 2012 年 3 月 1 日获得欧盟候选国地位。2013 年 6 月，欧洲理事会决定启动塞尔维亚入盟谈判。目前，塞方正在积极推动谈判进程，力争于 2025 年前成为欧盟正式成员国。

4. 同俄罗斯的关系

由于文化和历史渊源，塞尔维亚与俄罗斯有着长期友好的外交关系和传统友谊。2000 年，塞尔维亚与俄罗斯签署自由贸易协定。2013 年 5 月，两国建立战略伙伴关系。塞尔维亚与俄罗斯已在能源、基础设施建设及信贷融资等方面实现了深度合作。

2020 年，俄塞两国贸易总额为 24.77 亿美元，其中自塞尔维亚出口 9.11 亿美元，自俄罗斯进口 15.66 亿美元。2021 年，俄塞两国贸易总额为 28.02 亿美元，其中自塞尔维亚出口 9.96 亿美元，自俄罗斯进口 18.06 亿美元。

近年来，出于政治需求和经济利益，两国关系日益密切。政治方面，在科索沃问题上俄罗斯支持塞尔维亚，在克里米亚问题上塞尔维亚支持俄罗斯，在俄乌战争问题上，塞尔维亚更是极少数反对制裁俄罗斯的欧洲国家之一。经济方面，塞尔维亚对于俄能源高度依赖，该国几乎全部的天然气和 35.5%的石油从俄进口。此外，两国还在加强塞尔维亚国家防御能力、联合军事演习等方面进行合作。

5. 同美国的关系

塞尔维亚重视发展与美国的关系。近几年，两国高层官员多次会晤，美方表示将支持塞尔维亚加入欧盟，并帮助塞尔维亚保持能源来源的稳定和安全。同时，美国将加强与塞尔维亚在经济、军事和反恐等领域合作。美国是塞尔维亚工业最大的投资者之一，且美国潜在投资者对塞尔维亚的兴趣与日俱增。2018 年 9 月，塞尔维亚与美国签署基础设施项目合作谅解备忘录。

八、民族和宗教

（一）民族

塞尔维亚是一个多民族的国家，83. 3%的人口（不含科索沃地区）是塞尔维亚族，其余有匈牙利族、波斯尼亚克族、罗姆族及斯洛伐克族等。塞尔维亚族在中部地区居多，匈牙利族主要居住在北部的伏伊伏丁那自治省。

点评：

南斯拉夫解体后，从 1992 年起，尤其是在 1999 年南联盟遭北约轰炸后，赴塞尔维亚经商华人剧增。多年来，旅塞华商为中塞双边经贸关系发展、塞尔维亚经济恢复和发展都作出了积极贡献，尤其是在塞尔维亚经济最困难时期，华商的经营满足了当地居民对生活用品的需求。华人与当地人民友好相处。

（二）宗教

塞尔维亚多数居民信奉东正教，少部分居民信仰罗马天主教或伊斯兰教，个别居民不信教，属无神论者。教徒恪守教规，信奉神灵，习惯佩挂如“十字架”项链等饰物。绝大多数塞尔维亚人将东正教圣诞节和东正教新年列为最重要、最喜爱的节日。在交往过程中，应尊重当地居民的宗教信仰，不干涉他人信仰选择，同时避免侵扰各类宗教活动。

九、语言和习俗

（一）语言

塞尔维亚官方语言为塞尔维亚语，英语较普及，会讲英语的人数约占 40%。此外，会讲德语和俄语的人也比较多。

（二）习俗

塞尔维亚人热情、豪爽、健谈，喜欢交友，在社交场合衣着整齐得体。塞尔维亚人见面的称谓与问候比较讲究，要在姓氏前冠以先生、夫人、小姐或其头衔等尊称。只有家人、亲密朋友之间才直呼其名。

在社交场合与客人相见时，要与被介绍的客人一一握手，并报出自己的姓名。亲朋好友相见时习惯施拥抱礼，相互亲吻脸颊。约会一般需事先约定，贸然到访属于不礼貌的行为，拜访时相互递交名片。到他人家里拜访，一般习惯送实物礼品或鲜花。重要节日习惯相互送礼，礼品一般为酒类、鲜花及经典套装系列办公文具等。递交礼品时，要当面拆掉包装纸，展示并介绍礼品内容。

塞尔维亚人喜欢邀请熟悉的客人或朋友到郊外或旅游胜地游览或休闲，促进交流，增进相互之间的感情。期间一般举行宴请，无论是正式或非正式的宴请，主人都要盛情邀请客人品尝家酿的烈性果酒或葡萄酒，并相互祝酒。

塞尔维亚人的饮食习惯以塞尔维亚民族特色餐为主，多数人也非常喜欢中餐。

在与塞尔维亚人交谈时，应避免提及南斯拉夫战争与科索沃问题，因为战争问题始终是当地人民挥之不去的阴影。

（三）节假日

塞尔维亚的法定节假日包括：新年（1月1—2日）、东正教圣诞节（1月7日）、东正教新年（1月14日）、东正教圣萨瓦节（1月27日）、国家日（2月15日）、国际劳动节（5月1—2日）、胜利日（5月9日）、东正教复活节（春分月圆后第一个星期日）。

塞尔维亚实行每周5天工作制，周六、周日为公休日。

十、货币与物价

（一）货币兑换

塞尔维亚货币名称为第纳尔，ISO货币代码为RSD。目前流通的版本首发于2003年7月2日，分为纸币和硬币，纸币面额有10、20、50、100、200、500、1000、2000、5000第纳尔，硬币面额有1、2、5、10、20第纳尔。

第纳尔为可自由兑换货币。近年来，第纳尔对美元和欧元汇率总体保持稳定态势。2023年2月21日，1欧元约合117.3第纳尔，1美元约合109.7第纳尔。第纳尔不能与人民币直接结算。

点评：

在塞尔维亚不能直接用人民币兑换第纳尔，需先兑换欧元或者美元，再用欧元或美元兑换第纳尔。塞尔维亚当地的货币兑换点较为常见，在主要街道上基本都有，但是没有统一名字。通常店铺外面会有招牌写着“Exchange Office/Menjaĉnica”，十分醒目，注意观察就能发现。

在塞尔维亚还可以用欧元进行支付，但是一般找零都为第纳尔，且需要注意不要错将欧元当作第纳尔支付。

（二）消费水平

根据世界银行数据，2021 年塞人均 GDP 为 7113.6 美元。从 GDP 总量来看，2021 年家庭个人消费支出占 64.9%，一般政府个人消费支出占 10.0%，一般政府集体消费支出占 6.9%。

塞尔维亚总体物价水平与西欧地区相比相对较低，相当于我国国内二、三线城市的物价水平。生活必需品种类较为齐全，水果、蔬菜等种类相对较少。

2022 年塞尔维亚物价有所上升，全年 CPI 同比增长 11.9%，基本生活品价格有一定幅度上涨。2022 年 11 月塞尔维亚部分商品平均零售价格如表 2-3 所示。

表 2-3　2022 年 11 月塞尔维亚部分商品平均零售价格

商品名称	每千克价格（第纳尔）
大米	281.17
小麦粉	77.09
鲤鱼	665.16
带骨牛肉	957.86
带骨猪肉	669.74
鸡肉	324.75

续 表

商品名称	每千克价格（第纳尔）
压制火腿	994.50
人造黄油	370.80
奶酪	551.97
土豆	100.62
洋葱	72.06
萝卜	75.80
苹果	105.11
砂糖	111.22
食用盐	58.76

资料来源：塞尔维亚国家统计局《2022年11月统计公报》。

十一、金融服务

（一）外汇管理

塞尔维亚的外汇主管部门是塞尔维亚国家银行以及塞尔维亚税务局。塞尔维亚《外汇交易法》是规范跨境支付交易的主要法规。

在塞尔维亚注册的外国企业可以在塞尔维亚的银行开设外汇账户，用于进出口结算、企业经营和投资。外国企业汇出外汇不受限制。塞尔维亚允许以外币订立合同，但是必须用第纳尔收付款。《外汇交易法》也规定了一些可以使用外币收付款的特殊情况，包括但不限于对人寿保险、房地产销售和租赁的收付款。

居民或非居民个人可自由携带不超过等值1万欧元的塞尔维亚第

纳尔出入境。居民或非居民个人可自由携带不超过等值 1 万欧元的外币现钞出境。外币现钞入境不受限制，但居民须向海关申报超过反洗钱法律规定数额的外币现钞，非居民须向海关申报超过等值 1 万欧元的外币现钞，由海关出具证明。

点评：

塞尔维亚的外汇交易受各地区外汇管理机构监管，各地区外汇管理机构对《外汇交易法》条款执行较为严格。如果不能确认某项交易符合《外汇交易法》或其补充规定的要求，投资者应寻求专业建议，以降低外汇交易风险。

（二）银行与保险

1. 银行

塞尔维亚的银行体系由中央银行和商业银行组成。截至 2022 年底，商业银行共有 21 家，另有 3 家外国银行代表处，具体名单及联系方式可查看塞尔维亚国家银行网站。

（1）中央银行。

塞尔维亚国家银行于 1884 年成立，是塞尔维亚的中央银行，总部设在贝尔格莱德。中央银行属于独立的金融机构，对国家议会负责。

塞尔维亚国家银行的主要职责是维持物价和金融稳定。具体职能包括：确定货币政策和外汇政策；管理外汇储备；在其权力范围内，采取措施维护和加强金融系统的稳定性；发行纸币、硬币和管理现金流通；依法调节、控制和促进国内和跨境支付交易的稳定性；依法治理银行，实施审慎监管银行的举措等。

（2）商业银行。

塞尔维亚的本土商业银行分为国有银行和非国有银行两大类。主要本土商业银行有：贝尔格莱德商业银行、邮政储蓄银行、塞尔维亚银行、MTS银行等。

塞尔维亚银行领域对外资开放。根据《银行法》规定，外资银行在塞尔维亚开设分行，设立其他组织形式或代表处均须事先获得塞尔维亚国家银行的批准。

塞尔维亚的外资商业银行主要有：意大利联合商业银行、意大利联合信贷银行、匈牙利OTP银行、奥地利赖夫艾森银行、奥地利第一储蓄银行、阿迪科银行、希腊欧元银行、匈牙利伏伊伏丁那银行等。

2017年1月，中国银行塞尔维亚分行在贝尔格莱德开业，这是巴尔干地区的第一家中资银行。中国银行塞尔维亚分行的主营业务包括：存贷款、外汇及货币兑换、发行支付卡、证券交易、提供担保、开具汇票等。

自成立以来，中国银行塞尔维亚分行致力于为中塞两国企业在铁路、公路、电站等基础设施建设以及贸易、能源、旅游等领域的务实合作提供优质金融服务。中国企业赴塞投资可以通过该行提供的双边贷款、银团贷款和反担保贷款等业务获得融资支持。

点评：

在塞尔维亚开设个人银行账户流程简单，须本人亲自办理。不同银行所需材料略有不同。一般情况下，外国人在塞尔维亚开设个人银行账户所需材料包括护照或居留证，以及证明开户人居住地址的材料，如近3个月的水电费账单。

在塞尔维亚开设公司银行账户所需材料主要包括公司注册资料、个人身份证明、经公证的各项资料等。每家银行对于开立账户需提供的材料要求各有不同，建议企业在开设银行账户前与所选银行确认。

2. 保险

截至2022年第三季度末，塞尔维亚共有16家保险公司和4家再保险公司，其中保险公司按业务类型可进一步细分为4家寿险、6家非寿险和6家综合保险公司。保险市场主要险种有人寿保险、财产保险、机动车全险、机动车责任险及其他非人寿保险等。

2022年第三季度，塞尔维亚保险市场总保费收入达到994亿第纳尔，同比增长12.2%。从保费构成看，寿险保费占比从2021年第三季度的21.8%下降至2022年第三季度的20.3%，主要原因是由于非寿险保费的名义增长率高于寿险保费。从险种看，2022年第三季度的保费收入结构与上年基本相同，其中，机动车第三者责任险占比最高（29.4%），其次是人寿保险（20.3%）、财产保险（20.1%）和机动车全险（10.4%）。

塞尔维亚保险市场中外资占比较高，在全国20家保险及再保险公司中，15家为外资所有，外资企业总资产占比73.4%，雇佣人员占比65.1%。根据塞尔维亚国家银行的全国保费收入统计数据，截至2022年第三季度末，外资公司在寿险领域市场份额占比高达85.8%，在非寿险领域占比61.1%。

按市场份额排名，行业领先的保险公司主要有Dunav、Generali、DDOR和Wiener等。

Dunav保险公司在塞尔维亚保险市场处于领先地位，保费总额和非寿险保费总额均位列市场第一，市场份额约为27%。在全国拥有29个主要分支机构和约600个销售点。其主要产品包括养老保障保险、长期人寿保险、车险、财产保险、旅游保险、事故险、运输险、责任险、农业保险等。

Generali保险公司是塞尔维亚第二大保险公司，市场份额约为

21.5%。其主要产品包括人寿保险、财产保险、车险、旅游保险、健康保险、农业和动物保障保险、事故保险、银行保险等。

DDOR保险公司在塞尔维亚保险市场的保费总额排名第三。公司下设23个主要分支机构，服务网络遍及塞尔维亚8个地区。其主要产品包括人寿保险、员工保险、责任险等。

Wiener保险公司隶属于中东欧领先的保险公司——维也纳保险集团，在塞尔维亚人寿保险领域处于领先地位。公司拥有40多个分支机构、运营部门和销售网点，遍布塞尔维亚37个城镇。其主要产品包括人寿保险、财产保险、车险、补充个人健康保险、旅游保险、事故险和责任险等。

（三）信用卡

塞尔维亚信用卡使用比较普遍，带有VISA、MasterCard等标识的信用卡均可在当地使用。

2017年11月，中国银联与塞尔维亚央行签署协议，实现银联卡在塞尔维亚消费支付。2018年6月，银联国际宣布与塞尔维亚邮政储蓄银行合作，首次实现银联卡受理，该行旗下全部ATM终端已支持银联卡。

点评：

塞尔维亚的大型商场、酒店、餐厅、商店等基本都可以刷卡。消费时应提前核对清楚账单，如发现账单与消费不符，应立即与商家沟通。此外，尽量避免在小商户消费时刷卡，小额支付选择现金为妥。

（四）融资

在塞尔维亚，银行贷款是企业主要的资金来源。近年来，塞尔维亚国家银行实行量化宽松货币政策，企业贷款利率总体呈波动下降趋势。在2014年政府营运资金贷款利率补贴计划的助推下，企业贷款利率显著降低，并在2020年12月创下1.9%的历史低点。但在经济复苏、美联储加息、通胀攀升的情况下，为限制高通胀对价格增长的二次影响，并保证货币稳定，塞尔维亚国家银行自2022年4月起开始加息，至2023年2月连续第11次加息，将主要政策利率上调至5.5%，贷款利率上调至6.5%。

融资条件方面，外资企业与当地企业享受同等待遇。融资主要条件和所需材料包括：在当地依法注册的公司证明、企业资质和信誉证明、近5年来的经营情况、财务状况、不动资产及投资性质和规模等。企业除可从当地银行和外资银行贷款外，还可根据吸引外资优惠政策的规定，取得塞政府的财政资助。

点评：

除了在塞尔维亚境内开展融资，“走出去”企业还可以通过如下途径开展融资。

1. 在中国境内融资

在境内融资一般采用信贷融资、债券融资、股权融资等三大类方式。

2. 在国际市场融资

如可以向亚洲基础设施投资银行、欧洲复兴开发银行、国际金融公司（International Finance Corporation，IFC）等金融机构进行融资。

3. “一带一路”多双边合作基金

为推进“一带一路”建设、企业“走出去”和国际产能合作，中国发起设立了多支多双边合作基金，如丝路基金、中国-东盟投资合作基金、中国-中东欧投资合作基金、中国-欧亚经济合作基金、中非发展基金、中非产能合作基金、中拉合作基金等。

多双边合作基金主要以股权类投资为主，可在不增加企业债务负担的情况下，为项目建设提供长期、可靠的资金支持，契合大型项目建设周期长、资金需求量大的特点，是对信贷融资、债券融资等融资方式的有益补充。中国企业可根据项目特点及所在地区，多与对应的多双边合作基金进行对接，获得融资支持。

（五）证券市场

贝尔格莱德证券交易所是塞尔维亚唯一的证券交易所，主要板块包括高级市场、普通市场、公开市场、多边交易平台等，产品类型涉及股票、债券、基金等。

十二、通信与电力

（一）电信

塞尔维亚的国家号码是00381，从塞尔维亚国外拨打塞国内的固定电话和手机需要在电话号码和地区区号前加00381，即“+00381-（区号）-××××××××××”。

塞尔维亚的固定电话及移动通信网络较为完善。截至2022年第四季度，塞尔维亚固定电话用户236万，移动电话用户860.7万。移动用户平均通话时长为6.8分钟，每天发送短信1.6条。移动通信网络运营商主要包括：Telekom Srbija、Yettel、A1 Srbija和Globaltel，市场份额占比分别为43.83%、31.69%、23.66%和0.82%。上述运营商均已获得2G GSM、3G UMTS和4G LTE的许可。

近年来，塞尔维亚互联网用户数量快速增长。2022 年第四季度固网宽带上网用户数环比略有增长，约为 192 万户。46.5%的用户网络接入速度在 100 Mbit/s 以上，29.0%的用户网络接入速度为 10～30 Mbit/s。2022 年第四季度移动宽带活跃用户数环比略有下降，为 724 万，媒体内容订阅用户数量呈上升趋势，约 217 万。

点评：

在塞尔维亚短暂停留可开通国际漫游，也可在机场或市区报亭购买当地短期电话卡。短期电话卡价格约为 7 天 300 第纳尔。长期停留的，可到当地电信运营商门店办理相关服务。塞尔维亚境内网吧很少，咖啡馆、商场等公共场所均提供免费的无线网络服务。

（二）邮政

塞尔维亚的邮政服务系统较为完善，共有约 1500 个邮局。除传统邮递服务外，邮局还提供代收各种行政费用和税费等服务。

（三）电力

塞尔维亚电力资源充裕，但发电量尚不能完全满足本国经济和社会发展的需要，用电高峰时期仍需进口电力。2020 年，塞尔维亚发电装机总容量为 7855 兆瓦，发电量 349 亿千瓦·时，同比下降 12.8%。

塞尔维亚火电装机容量 4079 兆瓦，发电量约占总发电量的 71%。塞尔维亚共有火电站 9 座（不包括科索沃的 2 座），主要有尼古拉·特斯拉 A 电站（1597 兆瓦）、尼古拉·特斯拉 B 电站（1220 兆瓦）、科斯托拉茨 B 电站（632 兆瓦）、科斯托拉茨 A 电站（281 兆瓦）、克鲁巴拉电站（216 兆瓦）以及莫拉瓦电站（108 兆瓦）等。

塞尔维亚绿色能源起步较晚，目前涉及太阳能发电、风能发电、沼气发电以及其他生物质能发电等领域，装机容量 433 兆瓦，年发电量约 13.8 亿千瓦·时，占塞尔维亚总发电量的 3.5%。水电是塞尔维亚最大的可再生能源领域，也是塞尔维亚政府优先发展的能源领域之一。塞尔维亚有各型水电站 12 座，包括铁门电站一期（1099 兆瓦）、铁门电站二期（270 兆瓦）、巴亚纳巴斯塔电站（420 兆瓦）等。

点评：

近 30 年来，塞尔维亚未曾新增发电机组，现有机组均已接近设计使用年限，更新换代需求较大。尤其是 2014 年 5 月，塞尔维亚遭受百年不遇洪水灾害后，电力系统遭受严重破坏，多家露天煤矿和电站被淹，电力供应严重不足，经常拉闸限电，甚至靠大量进口弥补供电缺口。此外，塞尔维亚现有机组排放量普遍无法达到欧盟标准，随着塞尔维亚入盟进程不断深入，脱硫改造等需求也较大。

十三、医疗与安全

（一）医疗

塞尔维亚医疗条件一般，医疗水平相比其他欧洲发达国家较落后。心血管疾病为当地多发病种。

塞尔维亚的医疗保障制度较为健全，当地居民在公立医院看病费用主要由医疗保险承担，医疗保险计入社会保险福利捐税。

点评：

在塞就业的外国人如缴纳了医疗保险，可享受与塞尔维亚国民相同的健康福利待遇，持当地医疗卡可到定点医疗机构免费就医。医疗卡每年发放一次。在塞尔维亚留学、长期经商的外国人须办理医疗保险。

与塞尔维亚签订国际健康保险协定国家的公民，根据在其本国签发的健康保险证书可以在塞尔维亚获得紧急医疗服务，回国后由保险公司赔偿相关费用。中国与塞尔维亚尚未签订该协定。在塞尔维亚短期居留期间，可通过购买旅行保险或国际医疗保险获得相应保障。

塞尔维亚医疗设施主要包括综合医院、卫生中心、私人诊所、专科诊所，如牙科诊所、眼科诊所等。综合医院可以提供广泛的医疗服务，常见的内外科疾病由专业医疗团队进行诊断及治疗，必要时也可在综合医院进行手术。综合医院也提供常规体检、食品卫生与饮食控制等医疗服务。卫生中心可提供一般医疗服务，包括儿科、妇产科、牙科、家庭护理、预防保健等。卫生中心还开展公共卫生监督、结核病控制计划、物理和职业治疗、产妇保健、儿童保健、牙科保健和紧急医疗救助。除定点医疗机构外，塞尔维亚还有私人诊所。私人诊所的优势主要体现在卫生条件较好、预约时间较短（提前两天预约）、周末开放等方面，但价格相对偏高。如有需要，可拨打 194 联系紧急救护车，该服务全天 24 小时可用。在较大城市中，还设有针对各种紧急情况的医疗机构，这些机构 24 小时开放。

药店遍布塞尔维亚城市的大街小巷。当地药品销售价格适中，可满足基本需求。药店分为国营药店和私营药店。国营药店的药品供应短缺，私营药店只提供基本药物。患者一般持医生开具的处方到药店购药。药店售货人员均具备一定的专业医学知识，大多为医学院专科、本科毕业生。

点评：

塞尔维亚规模较大的综合医院有：Aurora 医院、Bel Medic 医院和 Euromedik 医院。主要药店有贝尔格莱德药店。

（二）安全

1. 治安

塞尔维亚政府重视社会治安，重视改善社会环境，不断完善法制框架，积极与欧盟各项法规接轨，社会治安状况基本稳定，近年未发生极端暴力事件或恐怖袭击事件。

据塞尔维亚国家统计局公布的数据，2021 年，塞尔维亚共发生刑事案件 80632 起，同比增加 8%。其中，24.4% 的案件涉及财产，13.5%的案件涉及婚姻和家庭，19.3%的案件涉及人身安全。塞尔维亚法律规定，符合条件的个人经有关部门批准，可以持有枪支，但不得随意佩枪外出。

近几年，塞尔维亚境内未发生针对中国公民、企业的袭击和绑架案件。但 2017 年以来，随着塞尔维亚对中国实行免签，来塞尔维亚旅游的中国游客增加，在塞尔维亚中国游客被偷、被骗事件有所增加。

2. 自然灾害

塞尔维亚境内曾发生过水灾、雪灾和地震。

点评：

出行前最好提前了解天气情况，如遇危险请联系当地紧急救援部门，租车自驾时联系租车公司救援服务电话，或者报警，必要时可向中国驻塞尔维亚大使馆寻求帮助。

3. 卫生安全

塞尔维亚食品卫生条件较好，并逐步向欧盟标准靠拢。

Chapter 3

第三章

前往塞尔维亚手续办理及相关须知

一、塞尔维亚签证入境

塞尔维亚签证分为短期签证（Visa C）和长期签证（Visa D），长期签证可用于申请居留证。持有中国护照的中国公民前往塞尔维亚可免签停留不超过 30 天。如需停留更长时间，可提前到塞尔维亚驻华大使馆申请办理签证。

（一）免签政策

中国公民持外交护照、公务护照、公务普通护照者可免签入境，停留期为 6 个月内累计停留不超过 90 天。

自 2017 年 1 月 15 日起，中国公民持有效中国普通护照赴塞尔维亚旅游、经商或探亲，每次入境后可免签停留不超过 30 天；持旅行证等人员不适用免签政策。

自 2014 年 11 月 8 日起，凡持有效美国、英国、申根及欧盟成员国签证或居留许可的中国公民，在签证或居留有效期内，可免签入境塞尔维亚或在塞中转，停留期为 6 个月内累计不超过 90 天。此项免签政策与中塞互免签证协议不冲突，也不适用于持旅行证等人员。

香港特别行政区居民持有效护照可免签入境塞尔维亚，停留期不超过 14 天，澳门特别行政区居民持有效护照可免签入境塞尔维亚，停留期不超过 90 天。

（二）签证资料

申办塞尔维亚免签政策规定以外的签证须提供：

①剩余有效期至少 90 天的有效护照或其他旅行证件，且至少有 2 页空白页。

②邀请函。

③填写好的签证申请表（PDF 格式）。

④照片（3.5cm×4.5cm）。

⑤往返机票或旅行日程（若驾车旅行，还须提供国际驾驶执照和保险复印件）。

⑥在塞尔维亚停留期间有足够资金的证明（每天最少 50 欧元，可以是现金、银行证明、旅行支票、信用卡或信用保证书）。

⑦健康保险。

⑧签证费（自 2011 年 1 月 1 日起，塞尔维亚对申请赴塞签证的中国公民仅收取 2 欧元的签证贴纸费）。

若申办长期签证，则还须根据访塞目的附加以下材料：

①就业：塞尔维亚法律实体的注册证书或工作合同等。

②亲属团聚：与塞尔维亚公民或永久居留外国公民的亲属关系证明等。

③配偶探亲：6 个月内签发的婚姻登记证明。

④医疗：塞尔维亚医疗机构注册证书及出具的计划医疗时间等。

点评：

申办塞尔维亚签证须注意以下事项：

一是发签证时护照有效期至少 90 天。

二是持短期访问签证，自第一次入境塞尔维亚的 6 个月内，一次不间断停留或总的连续停留期限，不应超过 90 天。持有效期为一年的多次出入境短期访问签证，最长可停留 180 天。

三是一次停留时间超过 90 天的，须提供在塞尔维亚停留的证明。

四是未成年儿童与父母一方出行，须提交经过公证的另一方父母出具的委托书。未成年儿童与第三人出行，须提交经过公证的父母双方或监护人出具的委托书。

具体签证规定可参考塞尔维亚驻华使馆相关网站，详情亦可咨询塞驻华使馆。

（三）审批程序

申请人可将上述申请材料送交或邮寄至塞尔维亚驻华大使馆或驻上海总领馆。使（领）馆接收申请人的材料后，将通过塞有关部门调查邀请人在塞的相关情况，如公司地址、经营状况等。签证申请通常需要 3 个多星期的时间。申请人须持护照和有效签证入境，边防检查人员登记持照人姓名、护照号码、签证号码后才能放行。

（四）居留登记

外国人入境塞尔维亚后可向当地移民局申请最长不超过 3 年的长期居留许可，但要求外国人所持护照的有效期最少长于申请居留期限 3 个月。

符合以下条件的外国人，可申请永久居留：

一是在塞尔维亚连续居住超过 5 年，期间，总计离开塞尔维亚不超过 10 个月且单次离开塞尔维亚不超过 6 个月。

二是与塞尔维亚公民或与已取得塞尔维亚永久居留的外国公民结婚 3 年以上。

三是父母一方为塞尔维亚公民或已取得塞尔维亚永久居留的外国公民的子女。

申请材料一般包括申请表、护照复印件、出生证明、体检报告、2 张照片（4cm×3cm）、收入证明、亲属关系证明、已付申请费用证明及基于以上不同情况而需要提供的相关材料。

二、入境须知

外国旅行者携带个人用品入境无须申报，其中，一升烈酒、一瓶香水或200支香烟可归为个人用品。如果个人所带物品总值超过3000欧元，须履行清关手续并支付关税。携带现金入关或出关，10000欧元以下无须申报，超过10000欧元需要在入关时申报，并保存好海关出具的入关申报单，以免在出关时出现不必要的麻烦。塞尔维亚对入关食品严格控制，个人携带的食品不能入关。此外，任何商业用物品、麻醉药品、毒品、有毒物质、军火弹药、农药及一切对公共健康有害的物质均不能携带入境。应申报物品未申报的，一经发现，将予以没收。

依据规定，海关注册税为报关基数的0.5%。塞尔维亚的平均关税率为12%，税率的幅度为0~30%。塞尔维亚主要商品的进口税如下：酒类、烟草（10%~30%）；纺织品（0~22%）；化工产品（1%~30%）；鞋帽（5%~30%）；塑料和橡胶制品（1%~20%）；机械设备（1%~15%）；生皮、毛皮、皮革（1%~10%）。

动植物入关须单独向塞检验检疫部门提出申请。带宠物入关须提供本国出具的宠物健康证明。

三、塞尔维亚紧急求助电话

中资企业及公民在塞尔维亚如遇突发状况，或遇有语言不通等特殊情况，应尽快通过各种联系方式与中国使馆领事部门取得联系，告知所遇困难及地理信息，以便尽快解决。

在中资企业间、华人内部发生的纠纷，应尽量内部协商解决，避免矛盾扩大，如需通过法律途径解决纠纷，可通过国内有关单位进行。

如遇恐怖袭击、绑架、抢劫等恶性治安事件，请及时报警，并与中国驻塞尔维亚大使馆和工作单位取得联系。

中国驻塞使领馆依法维护我公民在塞合法权益不受侵害，为中国公民提供法律咨询，最大限度提供必要协助。

相应的联络方式如下：

· 报警电话：192；

· 火警电话：193；

· 医疗急救电话：194；

· 拖车服务：1987；

· 驻塞使领馆领事保护应急联系方式：+381-63590818；

· 外交部全球领事保护与服务应急呼叫中心电话：+86-10-12308，+86-10-59913991。

Chapter 4

第四章

塞尔维亚有关法律规定

一、塞尔维亚法律体系概述

塞尔维亚的法律体系属于欧洲大陆法系，又称民法体系，根源于古罗马法。法律渊源主要为成文法规则，包括塞尔维亚立法机关制定的法律和一般性规定，塞尔维亚批准加入的国际条约和经普遍接受的国际法规则也是塞尔维亚法律体系整体的一部分，但上级法院的判例对下级法院不具有强制法律拘束力，仅具有参考意义。

塞尔维亚的最高法为宪法。宪法规定了一般原则、人权与自由、公共财政、共和国职权、国家机构权限和宪法法院管辖权等事项。根据合宪性及合法性原则，塞尔维亚加入的国际条约必须与宪法协调一致，而塞尔维亚颁布的所有法律和其他一般性规定则必须与宪法和塞尔维亚已加入的国际条约保持一致。此外，被授予公共事务管理职权的机构、政党、工会等组织的内部规程及集体协议，以及自治省和其他地方自治区域的行政法规、行政决定及其他政策性文件也必须符合法律规定。为了维护人权、自由和法律权威，协调规则冲突，塞尔维亚设有专门的宪法法院。

塞尔维亚目前处于经济转轨时期，为了吸引投资、促进经济发展和加入欧盟，塞尔维亚加快法律体系建设，不断完善法律制度，但仍然存在透明度不高、法律规定相互冲突、缺乏具体实施细则、法律执行效率低下等问题。

在 2022 年世界正义项目（WJP）法治指数中，塞尔维亚在全球 140 个经济体中排名第 83 位，低于全球和地区平均水平。

点评：

我国投资者应注意当地新旧法律的转换和衔接问题，并密切关注政府部门因立法不完善临时出台的政策性文件。

二、在塞尔维亚投资注册企业需要办理的手续

（一）设立企业的形式

根据2015年1月21日正式生效的塞尔维亚《公司法》及有关商业实体登记注册的法律规定，公司是指以营利为目的、进行特定商业活动的法人实体，一经登记注册即取得法人资格。公司与公司相互区别的基本要素包括公司名称（商号）、注册地址、主营业务、股份资本、法定代表人及内部组织机构。

塞尔维亚《公司法》框架下的“公司”含义较广，包括普通合伙企业、有限合伙企业、有限责任公司和股份有限公司，相当于我国《合伙企业法》和《公司法》两部法律项下的4种企业形式之和。

1. 普通合伙企业

普通合伙企业是由2个或2个以上的法人实体和/或自然人组成的公司，公司的普通合伙人对合伙债务承担无限连带责任。通常情况下，每位合伙人出资额相等，出资方式包括现金、财产、权益或劳务、服务。除合伙协议另有约定外，每位合伙人按其对公司出资的比例取得相应公司股份。需要注意的是，除合伙协议另有约定外，未经其他合伙人同意，合伙人不得擅自将其所持股份转让或抵押给第三方，包括以实物出资形式转让或抵押。

2. 有限合伙企业

有限合伙企业是由2个或2个以上的法人实体和/或自然人组成的公司，其中普通合伙人对合伙债务承担无限连带责任，有限合伙人以

其认缴的出资额为限对合伙企业债务承担责任。有限合伙企业的成立协议中应明确普通合伙人和有限合伙人的具体成员。有限合伙人可以自由地将其股份或部分股份转让给其他有限合伙人或第三方。除公司章程另有规定外，普通合伙人及有限合伙人均应按其持股比例获得利润分配及弥补公司亏损。

3. **有限责任公司**

有限责任公司是由一个或多个法人实体和/或自然人组成的公司，股东最多不超过50人。股东出资金额可以不等，出资方式可以是货币形式或非货币形式。公司注册资本额不得低于500欧元，其中50%的注册资本应在公司注册前存入临时账户，余额在注册起两年内转入公司正式账户。有限责任公司的管理层可以采用一级董事会或二级董事会制度，并在公司章程中加以明确。管理层设置包括股东大会、一名或多名董事。二级董事会还应设置监事会。

4. **股份有限公司**

股份有限公司是由一个或多个法人实体和/或自然人作为股东组成的公司，分为上市公司和非上市公司。股份有限公司的管理层可以采用一级董事会或二级董事会制度，并在公司章程中加以明确。管理层包括股东大会、一名或多名董事。二级董事会还应设置监事会。

5. **外国公司及分支机构**

外国投资者可以在塞尔维亚设立子公司、分公司、办事处以及其他实体形式（如合作社），其中以有限责任形式的子公司形式最为常见。

外国公司的分公司是其组成部分，公司可通过分公司在塞尔维亚依法开展业务。根据塞尔维亚的法律，分公司不具有法人资格，应以外国公司的名义代表外国公司进行交易。分公司也没有自己的股本，所以分公司对外负债应由总公司承担，且无责任限额规定。

外国公司的代表机构是其组成部分，仅对促成外国公司交易开展初步和准备性的工作。代表机构也不具有法人资格，只能就现行业务开展相关辅助性或联络性工作。因代表机构的商业活动而对第三方所负有的债务，由外国投资者承担。

点评：

我国投资者在开拓塞尔维亚及欧洲市场时可以采用子公司、分公司、代表处等形式，其中子公司又包括有限责任公司、股份有限公司、普通合伙企业、有限合伙企业四种常见形式。除此之外，塞尔维亚还存在合作社等其他特别形式。我国投资者在决定投资之前，应对不同企业形式的基本异同、法律后果、税费负担等方面有所了解，并结合自身需求慎重选择。

如果仅从风控的角度出发，设立有限责任公司或担任有限合伙企业中的有限合伙人更为保险，可以起到风险隔离作用。但对于某些要求特定资质的行业来说，分公司可能更合适，因为分公司属于总公司的组成部分，一般可以使用总公司的资质和证件。

（二）注册企业的受理机构

在塞尔维亚，无论申请注册何种形式的企业，均须到塞尔维亚商业注册署办理注册手续。在塞尔维亚设立实体的流程已明显简化，受理时间也大幅缩短。2018 年 10 月，塞尔维亚商业注册署推出线上公司注册服务系统。注册网址：www. apr. gov. rs。

（三）注册企业主要程序

在塞尔维亚注册企业的主要程序包括：

①提交成立公司申请和成立公司合同及新公司章程。

②塞尔维亚商业注册署负责审核批准成立公司，并颁发注册公司登记证。

③向当地统计局申办统计代码。

④企业获准注册后须在指定机构刻制依法规定的公司印章。

⑤企业获准注册并取得统计代码后，应及时在塞尔维亚的银行开立公司账户。

⑥取得注册公司登记证后，须到当地税务机构办理税务申报登记，领取纳税号码。

外国公司若在塞尔维亚设立代表处，首先需要向塞尔维亚经济部提出申请，获批准后到塞尔维亚商业注册署办理注册登记手续。

点评：

虽然塞尔维亚近些年对商事登记程序进行改革，大大缩短了登记时间，一般在收到登记申请之日起1~5个工作日即可完成注册。但对外国投资者而言，仍然需要按照相关法律规定起草公司章程、办理名称预先核准、提交投资者身份证明和登记申请等文件，而对于境外文件而言还须办理公证、认证和翻译等手续。新公司成立之后，还须在银行办理开户手续，之后才能正常开展商业活动和对外收付款。因此，企业在开业前须预留充分的注册文件准备时间和银行开户时间，以防因未能及时付款构成违约。

三、塞尔维亚对外国投资的市场准入

（一）投资主管部门

塞尔维亚《投资法》对投资的管理机构体系作了明确规定，具体包括塞尔维亚经济发展委员会、塞尔维亚经济部、塞尔维亚开发署，就投资事项拥有管辖权的自治省行政机构及授权公共事务组织，以及其他地方政府的经济发展及投资支持机构。

塞尔维亚经济发展委员会负责监督投资和经济发展情况，推动实现经济发展目标；根据《投资法》和国家预算及拨款计划，决定投资激励事宜；依照《投资法》执行其他工作。

塞尔维亚经济部下属投资部门负责参与起草投资领域的法律法规，监督招商引资政策的制定和完善，参与制定吸引投资措施的提案，管理和监督投资项目的进展等。

塞尔维亚开发署负责向中小微企业以及外国投资者提供政策支持性服务；吸引新项目投资塞尔维亚，为项目落地提供“一站式”服务；在项目实施过程中与区域发展机构紧密合作，促进塞尔维亚各地区均衡发展。

主管机关应就支持保障投资、维护投资者权益等事宜及时采取行动。主管机关有义务优先处理投资者的请求并尽快给投资者出具公文。主管机关没有尽到此项义务的，投资者可以向塞尔维亚开发署投诉。

塞尔维亚其他投资相关机构还包括：

（1）塞尔维亚国家银行。

金融领域属于特殊领域，该领域的投资活动（包括外商投资）由塞尔维亚国家银行依法负责审批和审慎管理。塞尔维亚国家银行的主要职责包括负责制定和实施货币政策、管理外汇储备、维护金融市场稳定、银行业准入和运营审慎监管、保险业准入和运营监管、基金管理公司的准入和运营监管、金融租赁公司的准入和运营监管以及电子支付行业的准入和运营监管等。

（2）保护竞争委员会。

该委员会是根据塞尔维亚《保护竞争法》设立的机构，负责与竞争相关的事项，并监督《保护竞争法》的实施。保护竞争委员会具有独立法人地位，直接向国民议会负责并向其进行年度工作汇报，旨在通过打击不公平竞争，维护公平合法竞争，促进经济进步和社会福利，尤其是保护消费者权益。如果某项投资（不论是否为外商投资）可能会妨碍公平竞争，保护竞争委员会可以依法采取限制措施。

（3）公私合作委员会。

又称 PPP 委员会，是根据《公私合作与特许权法》设立的机构，由塞尔维亚政府不同政府部门代表和地方政府代表共同组成，负责公私合作项目（包括非特许权合作项目和特许权合作项目两类）的审批。

（二）投资方式的规定

为了鼓励和吸引外国投资者，塞尔维亚于 2015 年颁布了《投资法》，确立了全面的国民待遇原则，国内外投资者享有投资自由，投资行为适用相同规定，投资权益受到同等保护。并确保以下事项：

（1）投资自由。

国内外投资者享有充分的投资自由，法律保障其合法获得的投资收益。

（2）既有权保护。

通过资本投资获得的合法权益不受减损。

（3）非国有化。

投资不被征收或者遭受与征收具有同等效果的其他限制，当且仅当为公共利益所需时，才可以征收投资者的所有者权益及不动产，征收补偿范围包括因征收遭受的损失，包括不动产价值本身，也包括业务终止和商业价值减损等损失。

（4）国民待遇。

外国投资者与国内投资者权利义务相同，可以在塞尔维亚取得动产或不动产财产权益，也可在业务开展需要的情况下基于互惠原则获得不动产所有权。

（5）权益转让。

投资者在履行纳税或其他公共财政义务之后，可自由转让其投资性金融收益或其他资源利益。

（6）争议解决。

由争议各方友好协商解决，协商不成可以依约提起诉讼或申请仲裁。

塞尔维亚没有专门针对外国投资者的限制机制，如国家安全审查制度，也没有专门针对外商投资的国家审查机构，对国内外投资者适用相同的鼓励政策和限制措施。限制措施主要表现为某些特殊领域的投资需要取得一定的许可或资质，比如军工、金融、能源、制药、博彩、采矿、运输等。此外，对于不动产领域的投资，要求投资者母国和塞尔维亚之间存在互惠关系，而对于非欧盟成员国的其他外国投资者，则规定不得拥有塞尔维亚的农业用地。

塞尔维亚《投资法》所称的投资含义较广，具体包括六种形式，即由投资者设立的公司或分支机构，公司股权、股份或其他等价证券，基于公私合营合同获得的投资者权益，所有权、地役权、抵押权和其他动产或不动产权益，受塞尔维亚法律保护的知识产权，经塞尔维亚国家机构许可的在塞尔维亚领土范围内开展特定活动的权益。

塞尔维亚资本账户是开放的，外资可自由进入。塞尔维亚对外资参与国有企业私有化项目或参股、并购民营企业均持欢迎态度。涉及国有企业的项目，普遍要求投资方承诺保证和新增一定数量的工作岗位。

点评：

中国企业作出投资决策前应做好市场调研，咨询在塞尔维亚拥有丰富经验的跨国金融咨询服务机构（如世界银行下属国际金融公司等）的意见，妥善处理潜在风险。

（三）投资行业的规定

1. 投资类型

立法者将投资分为特别重要的投资和局部重要性投资。特别重要的投资包括对推动塞尔维亚的经济发展具有重大影响的投资、旨在提升塞尔维亚经济竞争力的投资、有利于平衡塞尔维亚区域经济发展或各领域发展的投资、重大固定资产投资或者增加大量就业机会的投资。特别重要的投资可以是在一个或多个领域的投资，也可以是基于双边协定和跨境合作协定而进行的投资。如为特别重要的投资，则无须政府公告即可申请国家资助。局部重要性投资包括除特别重要的投资以外的，且能够促进投资目的地局部经济发展的投资。局部重要性投资可以申请当地政府政策优惠，具体因地方政府而异。

投资的重要性判断标准包括：新建工厂数量和投资对当地雇佣人数的影响，如必须雇佣的高级工人的数量和百分比；投资类型与金额（绿地投资或棕地投资或建筑行业的投资）；影响塞尔维亚对外贸易、特定行业或目标出口市场的投资；投资期限；高附加值投资；投资者的形象与信誉，如市场认可度、形象、投资项目领域的现有经验和成功案例等。

2. **市场准入**

根据塞尔维亚《投资法》相关规定，部分行业设有外资准入限制，如博彩业和军工业。塞尔维亚鼓励外商投资的重点行业包括汽车产业、农牧业、基础设施建设、信息技术产业、电子和家电产业、清洁能源产业等。

对于特定行业，内外资企业均需要向主管部门申请许可证才能经营。需要许可证的行业有金融、能源、采矿、制药、医疗器械、烟草、武器和军事设备、道路运输、土地开发、审计、废物处理以及危险化学品生产和贸易等。

（1）金融业。

提供存款和贷款服务的金融机构，必须在注册前取得塞尔维亚国家银行颁发的许可证；提供代保管服务和证券交易服务的金融机构，须取得证券交易委员会颁发的许可证。

（2）矿产勘探和采矿业。

矿产勘探和采矿工程须向塞尔维亚矿业和能源部申请许可证，并获得该部门的开采现场审批、开采设施修建批准、采矿设施使用批准。勘探和采矿还需要取得建设、运输和基础设施部颁发的建筑许可证、废物处理许可证以及环境评估报告。

（3）石油和天然气开采业。

开采石油和天然气的许可证和相关审批由矿业和能源部以及自治省主管部门负责。企业可以在主管部门批准后转让开采许可证。

（4）建筑施工业。

建筑施工许可证由建设、运输和基础设施部和自治省主管部门发放。同时，塞尔维亚法律规定，从事城市规划、建筑设计、建筑工程、景观规划和工程承包等相关工作的本国人和外国人都必须通过专业考试，且在塞尔维亚工程商会登记执业后才能从事相关工作。

（四）塞尔维亚对外国投资的优惠

塞尔维亚《投资法》是管理外商投资最重要的法律之一。根据《投资法》，外国投资者在塞尔维亚享有投资保障，塞尔维亚政府对外商投资提供财政激励、税收减免等优惠政策。此外，外资企业还可以享受自贸区等地区优惠政策。

1. 投资保障

《投资法》规定，外国投资者享受国民待遇，即在塞尔维亚投资的任何法人或个人都享有与当地企业相同的法律保护。

一般情况下，国家不征收外国投资者的投资；特殊情况下，国家出于公共利益需要，依法对外国投资者的投资实行征收或者征用，将依照法定程序进行，并及时给予投资者补偿。

外商投资及资本自由流动，外国投资者完成纳税义务后可自由转移资金、资产、利润、股份、分红、财产征收补偿款等。外国投资者还可享受双边投资及税收协定的保护。

2. 财政激励

根据2019年颁布的《关于吸引直接投资的奖励措施标准的规定》及个别行业规定，塞尔维亚政府对符合条件的在塞投资项目实施财政激励措施，按一定标准给予国家投资奖励基金支持。国家投资奖励基金由塞尔维亚政府从预算中划拨，塞尔维亚开发署负责管理发放。

（1）适用项目及行业。

该基金主要鼓励制造业和服务业等投资项目的发展，但不包括交通运输、软件开发、博彩、贸易、化纤、煤、钢、烟草、军火、造船、机场、能源、网络宽带、渔业和水产业等领域的项目。

（2）激励对象。

可分为重大项目投资者和非重大项目投资者。前者可直接与政府主管部门进行谈判，商定财政激励方案；后者需向主管部门申请财政激励。

根据《投资法》，符合以下条件之一的，为重大投资项目。

①投资额超500万欧元或创造新工作岗位超500个。

②在经济欠发达地区或在受灾地区投资额超200万欧元或创造新工作岗位超100个。

③签订了双边投资协议的项目。

非重大投资项目是指除上述重大投资项目以外的所有促进地区经济发展的项目。

（3）获得国家投资奖励基金的基本条件。

①大型企业的投资项目必须在当地持续经营5年以上，中小型企业持续经营3年以上，且在此期间员工数量不得减少。

②企业须按时支付员工工资，且工资不得低于最低工资标准的1.2倍。

③企业须在3年内完成投资和满足用工人数条件。

④投资项目的合理支出至少应有25%的来源为申请者的个人资产或不包含补贴的其他来源。

（4）可获得的最高奖励额度及评定标准。

投资者可获得的最高奖励金额须符合奖励评定标准的基本要求。按公司规模划分，大、中、小型公司可获得的最高奖励额度分别不得超过其项目投资额的50%、60%和70%。在确定奖励额度时，还需根据项目投资额作进一步细分。

（5）奖励基金申请方式。

申请企业在塞尔维亚开发署发布开放申请公告后，可按要求递交申请材料。该署将从企业资质、与本地供应商的关系、投资持续性、为本地供应商引进技术和转让知识产权、解决就业数量、项目的经济和社会影响等方面对申请企业进行评价及打分，从而确定奖励对象，并将拟向经济部报批的奖励金额告知相关企业。实际奖励金额由经济部有关部门就开发署递交的送审材料进行审核后最终确定。

3. **税收优惠及减免**

（1）企业所得税相关政策。

①满足以下条件可享受 10 年的免税期：投资额超过 10 亿第纳尔（约 800 万欧元）；新雇佣 100 名员工，并签订无限期劳动合同。企业所得税免税期起点为企业开始盈利当年。

②研发支出可双重抵税，采掘工业除外。

③符合条件的特许权使用费所得的 80%不计入其企业所得税的税基。

④对初创企业予以 30%的税收减免，但是免税额最高不超过 1 亿第纳尔（约合 84.6 万欧元）。上述初创企业应满足以下条件：公司成立不到 3 年、主营创新业务且主要在塞开展、年度收入不超过 5 亿第纳尔、公司自成立以来未分配股利且自投资之日起 3 年内不会分配股利等。

（2）关税相关政策。

根据《关税法》及《投资法》，塞尔维亚对外商投资的设备、部件等实行关税减免。主要有：

①除小轿车、游戏机与赌博机外，外商作为股本投入的设备进口免进口关税。

②塞尔维亚不生产的设备、生产数量有限或质量不达标的设备，如持有塞尔维亚工商会出具的相关证明，属于下列情况之一，可享受免进口关税或 50% 关税减免：一是为替换在自然灾害、火灾、爆炸、武装冲突或交通事故中毁坏的设备；二是为直接服务于科研、教育与文化活动，保健，残疾人专业培训及就业相关工作；三是为直接保护人类生存环境；四是为完成与外商长期生产合作合同而进口的原材料、半成品、构件及成品。

（3）个人所得税相关政策。

新设公司可以免缴创始人的个税和社会保险费。自公司成立之日起 36 个月内，创始人个税和社会保险费最高月度免税额为 150000 第纳尔。

4. 优惠信贷基金

塞尔维亚政府设立了专项优惠信贷基金，用于扶持企业发展，利率为 1%。

（1）适用领域。

工业生产、全球营销、贸易、旅游服务、农业研发。

（2）申请条件。

①投资者在塞尔维亚参与最终产品生产，并且在当地的投资项目富有成效；

②投资项目具有可持续性和可实施性；

③投资项目具有研发有效性；

④投资项目能有效使用当地人力资源；

⑤投资项目满足环保标准；

⑥投资项目符合国际化营销战略；

⑦投资项目对当地社会发展有贡献；

⑧投资项目取得地方政府支持，并获免地方税优惠。

5. 自贸区优惠政策

为加快自贸区建设，促进塞尔维亚经济发展，塞尔维亚财政部等有关部门制定了《海关法》和《自贸区法》，并不断完善贸易、企业管理等其他相关法律，在保障投资企业享受塞吸引外资普遍优惠政策及商业优势的同时，还为投资自贸区企业提供更多特殊优惠及便利。相关减免税收或简化行政手续等优惠政策如下：

①商品和服务进出口自由。

②在规定的期限内将商品转运至塞尔维亚其他关税区或其他自贸区，可免征关税及进出口增值税。

③部分货物进口免征进口关税。

④进入自贸区的商品以及该商品相关的运输、存储等服务免征增值税。

⑤自贸区企业间直接提供运输服务或其他服务免征增值税。

⑥免征某些市政/地区收费和税收。

此外，自贸区采取“一站式”管理模式。主管部门塞尔维亚财政部自贸区管理局为外国投资者提供项目咨询、研究、可行性分析直至进驻自贸区等“一条龙”服务。用户可享受运输、装卸、货运代理、保险、银行交易等服务。各自贸区均设有海关办公室，为园区内企业提供进出口免税、退税、补税等通关服务。

点评：

塞尔维亚自贸区是指位于塞尔维亚关税境域以内但实行与其他关税区域不同经济政策的特殊区域，尤其适合出口导向型的企业进驻。自贸区基本沿泛欧10号公路、铁路走廊及泛欧7号（水运）走廊布局，连接欧洲大陆和西亚、北非，交通较为便利。除此之外，各城市和地区为吸引外资也设有地方性的经济开发区或工业园区。3个全国性工业园区分别为位于北部城市因吉亚的通信和信息技术产业工业园、位于中部城市克拉古耶瓦茨的汽车产业工业园、位于南部城市尼什或皮罗特的电子电器产业工业园。

塞方希望中国企业在以下地区投资建设中国企业自贸专区：

一是乌日策市，位于塞西部波黑边境，高速公路、铁路配套齐全，政府计划将该市泊尼克乌军用机场转为货运为主的民用机场，可供开发土地面积550公顷；

二是奈戈廷市，位于塞东部多瑙河沿岸，泛欧4号、7号（水运）走廊交会处，与罗马尼亚、保加利亚接壤，拥有建成码头，可供开发土地面积19公顷；

三是皮罗特市，位于塞东南部保加利亚边境，泛欧4号、8号和10号走廊交会处，铁路、公路交通便利，可供开发土地面积200公顷；

四是巴查卡帕兰卡市，位于塞西北部克罗地亚边境，泛欧7号（水运）、10号走廊交会处，铁路、公路交通便利，拥有建成码头，可供开发土地面积162公顷。

6. 其他优惠政策

塞尔维亚为投资者提供了其他多元化的补贴和优惠政策，例如，培训和雇佣失业工人补贴、地方性财政减免和税收优惠、对投资商给予土地价格优惠或无偿提供土地、对有关使用土地进行基础设施建设及生产提供审批及减免便利等。

[**案例** 4-1]

某中资企业经过考察，看好中塞双方良好的政治经贸合作关系、当地较低的生产成本以及可以辐射欧洲多国市场，决定前往塞尔维亚丘普里亚市投资包纱厂并申请当地经济发展项目支持。但是该企业也了解到塞尔维亚当地司法机关的低效率、劳动力培训的持续投入以及当地离海运港口较远等潜在不利因素，最终决定投资约100万欧元，用于在当地设厂、优化生产工艺，并将产品销售至塞尔维亚及其他欧洲区域，享受塞尔维亚与多个国家和区域（尤其是欧盟）之间的自由贸易便利。

该企业设立工厂的同时，积极联系丘普里亚相关政府部门申请补助，并按照要求准备各项资料，包括但不限于：

①公司近三年的财务报告；

②投资商业计划（某些地方主管部门对计划内容有一定的强制要求）；

③银行保函；

④投资者的商事登记信息以及相关公证、认证和翻译文件；

⑤公司不存在破产、重组或清算等程序的证明；

⑥公司在经营过程中无刑事犯罪记录的证明；

⑦公司法定代表人的无犯罪记录证明；

⑧无针对公司法定代表人的刑事诉讼的证明；

⑨完税（包括税收、关税和其他税费）证明；

⑩强制社会保险局出具的关于员工雇佣人数和雇佣类型等的说明。

对于该企业新设立的工厂而言，准备这些资料遇到不少难题。比如在申请银行保函的时候，银行提出了非常苛刻的要求，包括将工厂所有资产（如机器设备）和应收账款进行抵质押、支付高额的担保费用、提供很多资料，对于很多企业来说都难以接受，而且银行对于新成立的企业要求更加严格。又如，丘普里亚市政府要求申请人提供基于现有财务数据的详细商业计划，而企业刚成立不久，无法提供包括这些内容的商业计划。再如，银行要求提供英文文件，而政府要求提供经公证认证的塞尔维亚语翻译文件。另外，上述部分证明需要向多个城市的相关法院提交申请才可以获得，而事实上法院书记员没有关于在塞尔维亚临时居住的外国公民签发无犯罪记录证明的经验，并且各类证明在形式上没有考虑兼容外国公民的需求。整个过程复杂又漫长。

尽管如此，补助申请人还是克服重重困难，在三个月的时间内准备了相关资料并交给丘普里亚市政府。市政府非常重视这个投资项目，给予积极支持，与补助申请人很快达成了协议，认可投资者和投资项目在当地经济、社会福利和员工雇佣等方面的贡献价值。

点评：

投资者在积极关注相关优惠和激励政策的同时，还应充分了解相关前提条件和难点，积极争取。如为重要的政府规划投资项目，投资者可考虑与当地政府或合作方签署合作协议，让政府将激励措施明确化，或者要求合作方承诺取得某种激励；投资资金可以分期到位，剩余资金的投入以投资激励政策的落实为条件。当然，投资者对于激励政策的不确定性也应有充分认识，不要抱有过高预期。

四、塞尔维亚关于贸易的法律规定

（一）贸易主管部门

塞尔维亚对外经济和对外贸易的主管政府部门是内外贸易部，由之前的贸易、旅游和电信部分裂而来，主要管理职责包括政策提议、市场监管、趋势应对、国内货物贸易、国内服务贸易、产品质量控制、商标和标志使用监管、市场供应及定价、反垄断和不公平竞争、消费者权益保护、商品储备以及其他法定职责。

在对外贸易领域，该部的管理职责包括负责发展对外贸易关系，提议和执行对外贸易政策，参与国际经济贸易条约的谈判、确认和适用，提议组建、协调和管理关于经贸合作或自由贸易的委员会，制定、实施、改进对外贸易管理体制，协调国际经贸关系，管理货物、服务和工业产权方面的贸易，签订和监督国际贸易条约/协定的适用，外商投资、特许和公私合营方面的政策适用，就鼓励和保护投资进行双边谈判，提升和监管双边和区域经济合作等。

（二）贸易相关法律法规

塞尔维亚的国内外贸易政策主要有《贸易法》和《对外贸易法》。

《贸易法》主要规定在塞尔维亚单一市场的贸易条件、贸易实施、贸易促进、市场保护、反不正当竞争和市场监管。该法规定了一系列贸易原则，如贸易自由原则、平等与反歧视原则、单一市场原则、诚信原则、稳定供应原则、均衡原则、合作原则。

《贸易法》规定贸易可以批发或零售的方式进行，但不得实施不公平市场竞争，旨在打击其他贸易商违反商业伦理准则以及对其他贸易商造成损害或可能造成损害的行为。

《对外贸易法》与世界贸易组织规则和欧盟规则保持一致，旨在约束外贸业务，包括货物贸易、服务贸易和外国实体在塞尔维亚的商业存在，同时也约束了塞尔维亚国内的个人和企业在塞尔维亚关税区域外或其他国家的贸易行为。

《对外贸易法》规定某些种类的货物及服务的对外贸易可能单独适用世贸组织规则或欧盟规则，而武器、军用设备或两用货物的对外贸易应由其他专门法律单独规定。该法还规定，对外贸易是指国内外商事主体基于符合国内规定和国际规则的合约而进行的贸易。而商业经营行为则包括外国主体在塞尔维亚的直接投资项目以及塞尔维亚国民在其他国家或关税区域的投资和资金项目。

此外，还有《合同与侵权法》《海关法》《海关关税法》《自由贸易区法》《保护竞争法》《消费者保护法》等一系列与贸易相关的重要国内法律规定和多项自由贸易协定，以及《联合国国际货物销售合同公约》《国际贸易术语解释通则》等国际条约、公约和惯例。

（三）贸易管理的相关规定

1. 贸易自由原则

塞尔维亚致力于建立符合欧盟条例要求的自由贸易市场经济。塞尔维亚《贸易法》第 4 条明确规定贸易自由，但特殊情况下可根据法律规定的方式和条件对贸易进行临时限制。

贸易自由，尤其是国际贸易自由，主要体现在三方面：一是任何商事主体（不局限于具有独立法人资格的公司）只要依法在商业注册署办理相关登记即可从事贸易活动。二是取消进口配额限制，基本上实现了自由进口贸易，但个别商品除外。三是对于海关关税税则表上的 8500 余种商品，除优先保障国内市场需要的少量农产品需要出口配额外，其他商品可自由出口。

除确立贸易自由这一基本原则外，塞尔维亚政府还与多个国家或区域组织签订了自由贸易协定，并在国内增设自由贸易区，进一步促进贸易自由化和便利化。截至目前，与塞尔维亚存在自由贸易安排的国家和区域组织包括欧盟、俄罗斯、哈萨克斯坦、土耳其、中欧自由贸易协定成员、欧洲自由贸易联盟成员、白俄罗斯，另外美国也给予塞尔维亚普惠制待遇。据此，塞尔维亚绝大部分商品出口至前述国家和区域享受免税待遇，仅少数商品需要一定配额。

但贸易自由并不是绝对的，贸易主体应遵守《贸易法》《对外贸易法》以及其他法律法规和具体细则对贸易主体、商品和行为等方面的制约和管理。

2. 一般贸易限制措施

（1）临时性限制措施。

根据《贸易法》第46条规定，对于居民生活和经济实体、公共组织和其他机构正常运转具有核心作用的货物和服务，为避免其引起市场骚乱或者为消除市场骚乱引起的不利后果，或者为了履行国际条约项下的特定义务，塞尔维亚政府可以对特定类型的货物和服务、特定类型的商人或消费群体、价格等交易条件采取临时限制措施，但临时措施不得长于6个月。

（2）市场巡视监管。

《贸易法》的监督实施由贸易主管部门及其他相关部门负责，贸易主管部门又通过设立巡视员制度具体履行市场监管职责。市场巡视员的职权很广，如检查营业场所，检查并复制财务账簿、库存记录和其他文件（包括电子文档），核实商事主体信息，商品取样，拍照或摄像，收集证据资料等，并可在必要的情况下向法院申请出具搜查令或者请求警察协助。

在巡视过程中，巡视员如若发现违法行为，可以视情况采取以下任一措施：①责令消除已经确定的违规行为；②临时禁止销售货物或提供服务；③临时责令关闭营业场所；④临时禁止在营业场所之外开展经营活动；⑤没收货物。被采取临时限制措施的商事主体如有异议，可以在收到巡视员的决定之日起 8 日内申请行政复议，但行政复议不影响巡视员决定的执行。如果对行政复议结果仍然不服，还可以申请司法审查。

（3）价格监督控制。

《贸易法》第 36 条明确规定市场定价自由，但法律对某些货物或商品的价格形成机制另有规定的除外，比如药剂价格应遵守《人用处方药剂最高价格决定》，面包和面粉的定价应遵守《面粉及其生产面包之强制生产和销售的法令》，此外对于天然气等公共资源供应也有相关限价规定。对于可以自由定价的商品和服务，政府也可采取相关经济政策确保市场和价格的稳定性，具体由贸易主管部门负责，包括分析特定商品和服务的价格走势、分析相关经济政策对市场供求关系和价格的影响、在商品的生产或者供求出现骚乱时采取临时措施等。

（4）反不正当竞争。

《贸易法》第 50 条特别禁止给竞争者带来损害的下列行为：①对其他贸易商进行虚假或攻击性陈述；②作出损害其他贸易商名誉或业务的陈述；③混淆销售行为，即所销售的产品标签、数据或形状与特定产品的来源、质量和其他特征相似，导致消费者产生混淆；④未经商业秘密持有人同意，获取、使用、披露商业秘密等旨在恶化其市场地位的行为；⑤给予或承诺给予其他贸易商高价值的礼品、财产或其他利益的行为，以确保优势竞争地位。

受不正当竞争损害的一方有权在知悉该等行为和不正当竞争者身份的 6 个月内向法院申请救济，包括请求确认不正当竞争行为、停止继续实施该等行为、消除不正当行为影响以及要求损害赔偿等。2013 年修订的《贸易法》还规定，对于诽谤法律实体（非自然人）的不正当竞争行为，被诽谤企业有权请求有形损失和无形损失赔偿，而在该法修订之前仅自然人有权请求赔偿无形损失。此举有利于进一步打击不正当竞争，维护正常市场秩序。

3. 对外贸易限制措施

对外贸易限制措施也称贸易救济措施，指专门针对国际贸易（进出口）采取的限制措施，主要法律依据为《对外贸易法》。根据该法，对外贸易限制措施分为四类，即保障国际收支平衡措施、防止过度进口措施、反倾销措施和反补贴措施。

（1）保障国际收支平衡措施。

该措施的主要目的是防止货币储备严重减少，具体措施内容包括价格措施（如调整进口关税、进口保证金等）或是限制进口的数量和价值等。此类措施一般无固定期限。

（2）防止过度进口措施。

该措施的主要实施依据为《关于过度进口保障措施的详细条件法令》，一般在进口数量有所增加，且对国内相同、相似或竞争产品的生产商直接造成严重损害或损害威胁的情况下实施。主要措施内容包括限制进口数量或提高进口关税，一般不超过 4 年，可延长，但是延长后总期限不超过 8 年。

（3）反倾销措施。

该措施的主要实施依据为《关于适用反倾销措施的详细条件法令》，一般在贸易商存在倾销行为，且倾销对塞尔维亚国内产业造成实质损害或损害威胁的情况下实施。主要措施内容包括：征收反倾销税、接受出口商提高价格的承诺、采取临时措施（如收取保证金或征收临时反倾销税等）。临时措施期限一般不超过 6 个月，其他反倾销措施一般不超过 5 年，但若是倾销行为持续存在，期限可延长。

(4) 反补贴措施。

该措施的主要实施依据为《关于适用反补贴措施的详细条件法令》，一般在商品生产国或出口国给予了直接或间接财政支持，给塞尔维亚国内产业造成实质损害或损害威胁的情况下实施。主要措施内容包括：征收反补贴税、接受出口商提高价格的承诺、采取临时措施(如收取保证金或征收临时反补贴税等)。临时措施期限一般不超过4个月，其他反补贴措施一般不超过5年，但若是补贴行为持续存在，期限可延长。

4. 进出口许可和检验

(1) 进出口许可。

塞尔维亚基本实现了自由进口贸易。除个别商品外，塞尔维亚对商品进口无限制，并取消了进口配额。《贸易法》规定，所有进口商品必须报关，由进口商提供产品的名称、类型、成分以及数量信息，相关信息可使用一种以上的语言进行描述，并附上标志、商标、条形码。《贸易法》同时规定，零售商应留存进口产品的海关单据，例如发票和报关单。缺乏此类单据表明货物有假冒嫌疑，将导致其不能对外销售。

此外，对于以下商品的进口、出口或过境，须取得主管部门的特别许可：

①军械、军事设备、两用物品（包括体育类和狩猎类器械）、弹药、烟火设备、石棉、贵金属等；

②麻醉剂、含麻醉剂或心理治疗物质的药物；

③影响臭氧层的有毒物质；

④化学物质；

⑤动物、动物制品、动物食品；

⑥废弃物；

⑦珍稀动植物品种及其成分或衍生品；

⑧受保护文化遗产和纪念物。

（2）进出口检验检疫。

根据塞尔维亚相关规定，各类动植物产品的进口须经检疫，由受贸易主管部门和农业主管部门双重管辖的检疫机构负责实施，取得动植物检疫证之后方可进口和转售；农产品、农产品加工食品、烟草制品、葡萄酒等商品的进口则须向质检局申请质量鉴定。

点评：

整体而言，由于塞尔维亚通过立法的形式确立了贸易自由原则，且第纳尔为可自由兑换货币，在塞尔维亚开展国际贸易面临的进出口许可证未续期风险和因外汇管制未能付款的商业风险相对较小。但我国进出口商仍应关注诸如买方违约风险、卖方违约风险、运输风险、清关风险等传统国际贸易风险。

（四）海关管理规章制度

根据塞尔维亚《海关法》，塞尔维亚海关每年公布新的海关税则表作为《海关法》的附属文件，税则表中分别列出自主关税、协议关税、优惠关税、减让关税及零关税等不同的税率。

依据关税税则规定，海关注册税为报关基数的0.5%。塞尔维亚的平均关税率为12%，税率的幅度为0~30%。

按产品类别平均进口关税税率的调整幅度一般为：

①塞尔维亚不生产的原材料、零附件、设备，关税税率为0~1%；

②塞尔维亚能够生产的原材料、零附件、设备，关税税率为3%~5%；

③塞尔维亚能够生产并拥有足够数量的设备，关税税率为8%~10%；

④塞尔维亚能够大量生产的工农业产品，关税税率为15%~30%；

⑤塞尔维亚不生产，既属于日用消费品，同时又是再生资源的产品，关税税率为10%~20%；

⑥必需日用商品（如短缺将影响居民的生活水平），关税税率为15%~20%；

⑦塞尔维亚有能力生产的日用品，关税税率为18%~25%；

⑧奢侈消费品，关税税率为30%。

五、塞尔维亚关于劳动就业的法律规定

（一）劳动就业主管部门及主要法律

塞尔维亚劳动就业领域最核心的法律为《劳动法》，除此之外还有《外国公民就业法》《职业安全与健康法》《就业与失业保险法》《养老金和伤残保险法》《强制社会保险法》《罢工法》《友好协商解决劳动纠纷法》等其他法律规定。劳动主管部门为劳动、就业、退伍军人和社会事务部。

《劳动法》主要规定了劳动关系的订立、劳动合同的内容、雇员工作时间及报酬、雇员休息休假、劳动关系解除等内容。

《外国公民就业法》主要规定了外国公民就业条件、就业限制、获得工作许可的程序、就业监督以及违法就业的相关处罚等内容。

《就业与失业保险法》主要规定了与就业的相关活动，就业主管机构、失业人员的权利和义务、就业促进政策、失业预防、失业保险

以及其他与就业有关的内容。

《工作中防止骚扰法》主要规定了禁止在工作中或与工作有关的活动中的骚扰及其防止措施，雇主与雇员在防止骚扰事项上的权利、义务与责任，对在工作中或与工作有关的活动中遭受骚扰人员的保护程序，以及其他为防止骚扰的相关事项。

《强制社会保险法》主要规定了购买保险的主体、购买保险的比例、暂停购买保险的条件、保险金额的计算及支付方式及相应处罚方式等内容。

《职业安全与健康法》规定了塞尔维亚的职业安全与健康制度，主要内容为雇员的权利与义务、年轻职工与女性职工从事高危行业及残疾职工遭受职业病的情况下采取的职业安全与健康措施等内容。

《养老金和伤残保险法》主要规定了养老金和伤残保险的适用主体、因工伤或职业病致残的权利、获取养老金和伤残保险的情形及金额、养老金和伤残保险金支付请求权的实现等内容。

此外，作为成员国，塞尔维亚还批准了国际劳工组织的 8 个核心公约，包括第 29 号《强迫劳动公约》、第 87 号《结社自由和组织权利保护公约》、第 98 号《组织集体谈判权公约》、第 100 号《同酬公约》、第 105 号《废除强迫劳动公约》、第 111 号《歧视公约》、第 138 号《最低年龄公约》、第 182 号《最恶劣形式的童工劳动公约》。

（二）劳工（动）法的核心内容

1. 劳动主体

在塞尔维亚，公民年满 15 周岁即可与雇主建立劳动关系，但是 18 岁以下的公民受雇的前提是取得父母、养父母或其他监护人的书面同意，主管机关调查确认其能胜任该项工作，且该项工作不会损害其健康。

18 周岁以下雇员禁止从事高强度体力工作，不得在地下、水下、高空作业，不得从事接触有害辐射、有毒或致癌物质、导致遗传疾病物质或因噪声、震动损害健康的劳动。18~21 周岁的雇员从事上述劳动时，必须由主管医疗机构出具从事上述劳动不会影响其健康的认定后才能与雇主建立雇佣关系。雇员到主管医疗机构出具该认定产生的费用由雇主承担。

2. 劳动合同

《劳动法》对于劳动合同及其他工作合同相关内容进行了区分。劳动合同包括无固定期限的劳动合同、有固定期限的劳动合同和特殊类型的就业协议，如试用期合同。就业关系之外的工作合同包括临时性工作及周期性工作协议、专业培训协议和服务协议。

劳动合同在雇员开始工作之前必须以书面形式签订。如雇主未与雇员签订书面合同，或者签订的书面合同未载明有效劳动期限，均视为雇主与雇员签订了无固定期限的劳动合同。定期劳动合同一般不超过 24 个月，特殊情况除外。

劳动合同一式三份，一份交给雇员，两份由雇主保留。合同内容包括：雇主名称和地址，雇员姓名、居住地、受教育程度、从事工作及地点、工作时间、薪资待遇等。

3. 合同解除

根据《劳动法》，可以终止劳动关系的情形包括：①劳动合同期限届满；②劳资双方协商终止；③雇员达到 65 岁且为雇主服务 15 年以上，但劳资双方可另行约定；④雇员或雇主依法单方面终止；⑤不满 18 岁雇员的监护人通知终止；⑥雇员死亡；⑦法律规定的其他情形。

而雇主可以终止劳动合同的情形包括：①雇员无法完成工作成果或者是不具备工作所需的知识和技能；②雇员被宣判有罪（此罪在工作期间发生或与其工作相关）；③雇员无法在其休假到期后 15 天内复工；④雇员由于自己的过失违反了工作职责；⑤雇员违反工作纪律；⑥由于科技、编制、经济变革等原因，某些特定的工作不再需要；⑦雇员拒绝签署劳动合同的附属协议。

点评：

塞尔维亚《劳动法》等法律规定了用人单位和员工在一定条件下均可以解除劳动合同，但用人单位由于不清楚具体规定而违法解除（包括实体违法和程序违法）的情况不在少数。在塞投资的中资企业，如在当地聘请员工，须严格遵守塞尔维亚当地法律规定，切勿直接套用国内的《劳动法》和《劳动合同法》。

4. 工作时间

根据《劳动法》，全职工作时间为每周 40 小时。每周工作 5 天，每天工作 8 小时。每日工作时间包括在工作时间内的休息。夜班工作时间从晚上 10 点到早上 6 点。在不违反《劳动法》的情况下，雇主可要求雇员加班，每周的加班时间不超过 8 小时或每天不超过 4 小时。除非法律另有规定，从事兼职类工作的雇员不得被分配加班工作。

5. 休假

（1）年假。

根据《劳动法》，每名雇员有权享受年假。年假的时间至少为 20 个工作日。雇员作出放弃年假的声明无效（即不可弃权），且其享受年假的权利不能用货币补偿取代，在终止雇佣的情况下除外。雇员有权将年假一次性或分次使用。雇主可以作出集体休假的决定。在与员工终止劳动关系的情况下，雇主有义务向尚未休完年假的雇员支付经济补偿，补偿以上年 12 个月的平均工资为标准，未使用年假的天数按比例计算和支付。

（2）病假。

雇员有义务在丧失工作能力之日起 3 天之内，向雇主提交一份医生出具的证明；如果患严重疾病，该证明由雇员直系亲属或同住人代替提交；如果该雇员独居，则必须在病假终止之日起 3 天内提交证明。如雇员在雇佣期间发生工伤或患职业病，雇主有义务对雇员进行补偿。

（3）产假。

受雇妇女有权在预产期 28 天前（但不得早于预产期 45 天）开始休产假，产假可持续至婴儿出生当日后 3 个月。妇女休产假以及育儿假的上限为 365 天。在多胎分娩的情况下，受雇妇女产假可延长，但不得超过 2 年。如果母亲因离开孩子、去世或其他正当理由（如服刑、重病等）无法使用该权利，则孩子的父亲可以使用该休假权利。

（4）其他休假。

由于结婚、生育、直系家庭成员患重病或其他情况，雇员每年有权享受 5 个工作日的缺勤工资补偿（带薪休假）。带薪休假的时间应根据法律及劳动合同来确定。此外，在直系亲属去世的情况下，雇员有权享受 5 个工作日的带薪休假。于任何情况下的自愿献血，可获得连续两天的带薪休假，其中献血当日包含在内。同时，雇主应雇员请求可以给予雇员无薪休假。

6. 薪资

工资包含个人所得税和社会保险金。每小时最低工资是通过社会经济委员会或者政府来确定的。当个年度的每小时最低工资不低于上个年度。通常确定每小时最低工资标准的通常考虑因素包括：①雇员及其家人的生存及社会需要；②劳动力市场中就业率的增减趋势；

③GDP的增长速度；④居民消费价格的趋势；⑤生产力趋势；⑥国内平均工资的增长。

近几年，塞尔维亚最低工资呈上升趋势。2023 年，塞尔维亚最低工资标准为每小时 230 第纳尔。

7. 社会保险

塞尔维亚的社会保险包括养老和伤残保险、医疗保险及失业保险。各险种以雇员工资额为基数，分别按不同比例缴纳。养老和伤残保险缴纳比例为 26%，雇主承担 12%，雇员承担 14%；医疗保险缴纳比例为 10.3%，雇主和雇员分别承担 5.15%；失业保险缴纳比例为 0.75%，由雇员自行承担。

点评：

为有效解决中国、塞尔维亚两国在对方国工作的人员双重缴纳社会保险费问题，两国于 2018 年 6 月 8 日正式签署了《中华人民共和国政府和塞尔维亚共和国政府社会保障协定》，中方在塞尔维亚人员办理免缴相关社会保险费管理办法如下：

已在中国国内按规定参加了职工基本养老保险和失业保险，并按时足额缴纳保险费的人员，按照以下程序办理申请免除在塞尔维亚缴纳相关社会保险费：

①个人申请人访问“国家社会保险公共服务平台”首页，实名注册用户信息。登录后，选择“境外免缴申请”服务，在线填写本人详细申请信息，保存并提交申请。

②派遣人员国内派出单位可申请注册单位用户，为本单位派出人员填写申请信息，保存并提交申请。

③社保中心后台审核申请信息。符合条件的，于 7 个工作日内出具《法律适用证明》并邮寄给申请人。不符合条件的，说明

理由。需要补充材料的，予以告知。

④社保中心也受理申请人通过邮寄纸质申请材料方式提交的申请，审核通过后，出具《法律适用证明》。

⑤申请人向塞尔维亚经办机构提交《法律适用证明》，申请免除缴纳相应的社会保险费。

8. **罢工**

塞尔维亚宪法赋予雇员罢工的权利。通常来说，罢工仅作为雇员维护自身权利的最后手段。罢工的出现与组织工会的权利密不可分，因为工会可以将大量的雇员组织起来，而罢工需要大量雇员的参与才有可能实现自身的权益。

在塞尔维亚有 3 种形式的罢工：发生在企业范围内的罢工、发生在某一行业内的罢工、全国范围内的罢工。在上述 3 种罢工之前，雇员可以先进行警告罢工，即雇员暂时性停止工作以向雇主表达其不满，敦促雇主采取措施解决问题，并警告雇主，如不解决雇员表达的问题，将会进行彻底罢工。警告罢工最长只能持续 1 个小时。警告罢工是解决雇员与雇主矛盾最快速、最经济的方式，因为对于雇主来说，可以避免彻底罢工及因彻底罢工造成的经济损失。对于雇员来说，警告罢工除可以迅速维护自身利益之外，还可以避免因彻底罢工而造成的收入损失。

不管是何种形式的罢工，必须根据相应规定依法进行。在塞尔维亚，关于罢工有两种类型的规定，分别适用于所有行业的罢工及特殊行业罢工的组织及管理。企业范围内的罢工由工会或多数雇员决定，行业范围内的罢工由行业联合会的主管机构决定，全国范围内的罢工由最高工会机构决定。雇员罢工时应确定罢工委员会，由罢工委员会为雇员争取利益。雇员罢工时，应确定雇员要求、罢工开始时间、罢工聚集时间。罢工委员会应在罢工开始的前 5 天或警告罢工开始的 24 小时之前将罢工决定通知雇主。如是行业内或全国范围内的罢工，应将罢工决定通知主管政府部门。

雇员参加罢工不得危害他人人身及财产安全，不得阻碍雇主为经营业务使用占有相关工具，不得强迫他人参加罢工。雇主不得阻止雇员参加罢工，不得为结束罢工采取武力方式，不得对雇员施惠让其不参加罢工。

点评：

中国企业要时刻关注塞尔维亚当地劳工问题，除薪资待遇外，还包括工作环境和加班时间等。当地员工若遇到不公平的薪资待遇或长时间在恶劣环境下工作，可能会向当地监管部门投诉，这会影响企业运营及其在当地的声誉。

（三）劳动争议

《和平解决劳资纠纷法》对集体和个人劳资纠纷，包括关于调解员和仲裁员的选择、权利和义务的规则，以及与解决劳资纠纷有关的其他问题进行了规定。在该法基础上，塞尔维亚成立了和平解决劳资纠纷机构，负责解决个人和集体劳资纠纷。该机构也是塞尔维亚第一家专门处理劳动争议的事业单位。

劳资纠纷的解决程序是通过向和平解决劳资纠纷机构提出动议启动的。争议各方可以联合或单独提出动议，并且必须提供有关争议主题的文件以及证人姓名（如果有）。调解员或仲裁员由双方从和平解决劳资纠纷机构持有的名录中共同选出。如果双方未能就调解员或仲裁员达成一致，劳资纠纷局局长将指定一名调解员或仲裁员。争议双方可就调解或仲裁结果达成协议，或是由仲裁员根据案件事实作出决定。

[**案例** 4–2]

2022 年，塞尔维亚某中资企业颁布了公司新的劳动条例，规定付薪频次由每月两次变成一次，删除了加薪条款，取消了部分残疾人补贴，并将献血志愿者休假天数由 5 天减少到 2 天。由于认为新条例减少了员工的工资和权利，公司工会提出强烈不满，并表示在双方谈判未果的情况下，计划组织抗议活动。

在经过数月的谈判之后，该公司管理层与工会代表就员工薪酬和福利变更条款达成一致，并于 2023 年 2 月 13 日签署集体协议。工资是此次争议的争论焦点，最终的协议确定总体工资以百分比的方式上涨，该公司提出的线性增长的计算方式适用于基本工资的部分，因此工资系数较低的员工将获得更大涨幅的工资收入。

点评：

一旦发生劳资纠纷，合法用工并签订劳务合同的中资企业应按合同自行协商解决争议，或通过工人国内派出单位或中介协商解决争议。如无法协商一致，可通过法律途径解决。如企业在当地非法用工，或未与劳动者签订劳务合同，建议尽量通过协商解决纠纷，同时用人单位要尽快完善与劳动者的用工合同与手续，确保合法用工，避免遭到当地劳动局的调查与处罚。用人单位应理性维权，切勿采取过激手段，与务工人员产生冲突。如与中国驻当地使领馆联系求助，使领馆可介绍当地一般性法律知识和有关合法维权途径，或提供当地律师和翻译人士的名单。

（四）外国人在当地工作的规定

《外国公民就业法》于 2014 年 12 月 4 日生效，对塞尔维亚境内外国公民就业的要求和程序进行了规定。根据该法，若外国公民获得塞尔维亚临时居留权以及工作许可，则该外国公民可以就业。

临时居留证由内政部负责外国公民事务的部门颁发，其有效期不能超过 1 年。临时居留证期满之后，外国公民可以递交临时居留证的更新申请。工作许可是由国家就业服务部发放的。国家就业服务中心同时对于与该许可相关的更新、取消及终止拥有决定权。

《外国公民就业法》对两种工作许可进行了区分，即个人工作许可和工作许可。个人工作许可应外国公民的请求发放，向申请人提供了自由就业的权利；而工作许可则应雇主的请求而发放。外国公民须在工作许可规定的范围内从事相关工作，且在同一期限内仅可申请一种类型的工作许可，但期限届满后可以申请其他类型。

获得用于就业的工作许可证之后，雇主可以与外国公民签订固定期限劳动合同。此固定期限劳动合同的有效期不能超过工作许可证的有效期。劳动合同以书面方式来签订。

点评：

2021 年，塞尔维亚国家就业服务中心向外籍务工人员发放了 23662 份工作许可，与 2020 年相比，许可数量明显增加，几乎翻了一番。国家就业服务中心指出，自 2014 年 12 月《外国公民就业法》生效以来，2021 年发放给外籍务工人员的工作许可数量达到最高水平。在塞外籍务工人员多来自中国、土耳其和俄罗斯，也有部分来自印度、乌克兰、意大利、波黑、黑山、克罗地亚、阿尔巴尼亚、北马其顿等国家。根据国家就业服务中心的数据，2021 年塞政府发放给中国公民的工作许可最多，共计 9379 张，其次是发放给俄罗斯公民的工作许可数量，共计 1370 张。

塞尔维亚失业率较高，政府为鼓励就业通常以投资金额和创造就业岗位数量为条件设置一些激励措施，如税收减免、退还一定比例社会保险费、给予激励资金等。中资企业如欲前往塞尔维亚投资，可关注相关规定（包括激励条件、激励措施以及取消激励的情形），争取政策优惠。

也正是因为塞尔维亚较高的失业率，政府部门对外国公民在塞就业限制较为严格，特殊岗位除外。因此，对塞投资中资企业应以本土化经营为主，了解塞尔维亚当地员工的工作习惯和相关规定。

六、塞尔维亚关于税收的法律规定

（一）税收管理机构及税收法律体系

塞尔维亚实行全国统一的税收制度。主要的税务管理机构有财政部和财政部下设的税务总局，负责开展与纳税人注册、税务审计、披露税收犯罪以及《税收征管法》规定的其他事项相关的公共行政活动。而依塞尔维亚《宪法》和《税收征管法》的规定，税收由地方税务部门负责征管。塞尔维亚主要的税收法律法规文件有《税务程序与税务管理法》《企业所得税法》《个人所得税法》《增值税法》《不动产税法》《关税法》等。

塞尔维亚的纳税年度为一个公历年，纳税主体可分为居民与非居民两大类。居民企业是指在塞尔维亚注册成立或者管理控制地在塞尔维亚的法律实体。居民个人是指在塞尔维亚拥有住所、营业中心或者重大利益的个人，或者一个纳税年度内在塞尔维亚累计居住超过 183 天的个人。非居民企业是指不能被认定为居民企业的企业。是否在塞尔维亚境内是塞尔维亚区分居民与非居民的重要考量因素。比如，纳税主体为居民的，须为在塞尔维亚境内外的所得缴纳税金，非居民纳税主体仅须为在塞尔维亚境内的所得缴纳税金。

（二）主要税赋和税率

塞尔维亚主要税种包括企业所得税、个人所得税、增值税、环境税、不动产税、地方公共设施费等，以所得税和增值税为税收体系的核心。各税种均由立法确定并受法律保护。

1. 企业所得税

企业所得税是针对居民企业在全球范围内的所得和非居民企业源于塞尔维亚境内的所得而征收的税种。企业所得税的计税基础是税务平衡表，税务平衡表由损益表进行税务调整而得来。每个企业须依照国际会计准则按年度制作财务报表，当年预缴税金基于前一个纳税年度而确定。企业所得税征收范围包括营业收入、财务收入和其他收入，应缴纳税所得额的计算方式为总收入扣除成本和费用。

塞尔维亚的企业所得税税率为15%，明显低于中国的企业所得税税率（25%），塞尔维亚对居民征收15%的资本利得税，对非居民征收20%的资本利得税。塞尔维亚居民纳税人取得的境外股息按规定可以享受免税优惠。塞尔维亚对转让定价和资本弱化有着较为严格的规定，中国企业如未严格遵守当地相关规定，容易遭受反避税调查。

点评：

根据《中华人民共和国企业所得税法》，中国的税收居民企业需要就其来源于境内、境外的所得在中国缴纳企业所得税，由此带来的可能后果就是双重征税。为消除双重征税给企业带来的不合理税收负担，中国企业所得税法中专门设置了境外所得税收抵免规定。但是，根据国家税务总局发布的《企业境外所得税收抵免操作指南》规定，可抵免境外所得税税额不包括按照税收协定规定不应征收的境外所得税税款。也就是说，企业取得来源于塞尔维亚的所得，并在当地缴纳了所得税性质的税款，应在境外申请享受税收协定，否则超出协定规定的部分不可以在中国抵免。

例如，塞尔维亚企业向中国企业支付股息 100 万元。根据塞尔维亚国内税法规定，对非居民企业股息征收 20%的预提所得税，但根据《中塞税收协定》的有关规定："如果收款人是股息受益所有人，则所征税款不应超过该股息总额的 10%"，塞尔维亚税务部门征收的税款为股息总额的 20%。因此，中国的居民企业可以向塞尔维亚税务机关提出按照税收协定 10%的税率纳税，即在塞尔维亚缴纳 10 万元的预提所得税，这部分税款可以计入中国税收抵免的范围。但如果中国居民企业未在塞尔维亚提出享受协定待遇，而按照当地税法缴纳 20 万元的所得税，那么超出协定规定的 10 万元税款是不能在中国抵免的。

2. 个人所得税

塞尔维亚个人所得税采用分类税制体系，在每一个类别下单独计算净所得，并计算相应的应纳税额。

根据塞尔维亚所得税法，个人收入类型包括：雇佣收入、营业收入、特许权使用费收入、投资收入、不动产收入、资本利得、其他收入。

但是，每一个类别的净所得，在扣除了分类个人所得税和社会保障金（不包括资本利得、股息、开放式投资基金所得、利息、保险金及彩票所得）之后，相加总值若超过某个特定的数值，便会根据累进税率加征年度所得附加税。该附加税在公历年度结束之后加征，须在次年 5 月 15 日之前缴纳完毕。

个人所得税的税率取决于收入的类型。雇佣收入的个人所得税税率为 10%，营业收入适用税率为 10%，特许权使用费、租金收入与其他收入适用税率为 20%，资本利得适用的税率为 15%。

非现金福利视为受雇所得征税。非现金福利包括优惠券、货币证书、股票、产品或服务、优惠贷款、工作餐、休假补贴和公司配车等。员工福利以支付时间的市场公允价值计量。优惠券和货币证书以票面价值计量，而股票与其他证券以市场价值计量，配车福利的税基为每个使用月份汽车市值的 1%。

个税每月起征点为 1.5 万第纳尔。雇主根据毛工资（包括雇主代扣代缴的社会保险费）扣缴应纳税款。

塞尔维亚居民的全球净所得以及非居民纳税人来源于塞尔维亚的净所得，如超过规定的免征额（平均工资 3 倍），须申报补充年度所得税。超过免征额的工资收入适用 10%和 15%的累进税率。10%税率适用于净所得（减除津贴后）不超过 6 倍年平均工资收入的部分，而 15%税率适用于净所得超过 6 倍平均工资收入的部分。

点评：

1997 年 3 月，中国与南联盟签订避免双重征税协定。塞尔维亚继承了南联盟的国际法主体地位，因此该协定仍然有效。按照协定有关条款，中国居民因受雇取得的薪金、工资和其他类似报酬，除在塞尔维亚从事受雇的活动以外，应仅在中国征税。在塞尔维亚从事受雇的活动取得的报酬，可以在塞尔维亚征税。

中国居民因在塞尔维亚从事受雇的活动取得的报酬，同时具有以下 3 个条件的，应仅在中国征税：①收款人在一个纳税年度内在塞尔维亚停留连续或累计不超过 183 天；②该项报酬由并非塞尔维亚居民的雇主支付或代表该雇主支付；③该项报酬不是由雇主设在塞尔维亚的常设机构或固定基地所负担。

中国居民在下列情况下取得的报酬在中国征税：①在塞尔维亚受雇从事建筑工地，建筑、安装或装配工程或与其有关的监督活动，并在12个月中该工地、工程或活动在塞尔维亚未构成常设机构；②在经营国际运输的船舶或飞机上从事受雇的活动。

3. **增值税**

塞尔维亚于2005年1月1日开始征收增值税。塞尔维亚《增值税法》遵从欧盟指令2006/112原则。

增值税的纳税人是在塞尔维亚境内独立从事生产经营活动过程中提供货物及劳务服务或进口货物的法人实体和个人。增值税登记门槛为800万第纳尔。连续12个月营业额超过800万第纳尔的纳税人应进行增值税登记。营业额是指销售货物和提供服务（除设备和建筑物之外），用以增值税应税行为（应征税和零税率供应品）的销售额。任何连续12个月营业额不超过800万第纳尔的纳税人均可选择注册登记增值税。在塞尔维亚境内销售货物、提供服务的外国企业必须通过指定代理人办理增值税登记，向塞尔维亚增值税纳税人、公共机构销售货物和提供特定运输服务的除外。分支机构、其他经营单位为增值税纳税人，不论连续12个月实现多少收入，在塞尔维亚提供应税货物或服务的非居民纳税人有义务进行增值税登记。未在塞尔维亚进行增值税登记的外国纳税人可能会因不遵守规定而受到惩罚。

目前塞尔维亚增值税的标准税率为20%，优惠税率为10%。部分项目可免税或享受零税率。

下述供应货物和进口货物适用10%的税率：

①基本食品（牛奶、面包、糖、蜂蜜、脂肪、大豆及橄榄油、可

食用动植物油等)；

②新鲜及冷冻的果蔬和肉类、蛋类；

③动物和人类使用的药物；

④矫正和假肢工具，包括外科手术植入人体的医疗器械；

⑤医疗透析设备；

⑥肥料、杀虫剂、种子饲料等；

⑦教科书和教学用具；

⑧每日新闻报纸；

⑨图书、连续出版物；

⑩木柴；

⑪酒店、旅馆、招待所、休闲中心、露营提供的住宿服务；

⑫公共服务设施；

⑬天然气；

⑭供暖设备；

⑮住宅所有权的首次转让。

出口商品、国际运输及相关服务、向国际运输供货可享受零税率。

金融保险、教育、宗教、公共广电服务、出租住房、转让旧货、邮政和自由贸易区内的项目可享受免税优惠。

点评：

增值税的零税率不同于增值税的免税，前者可以抵扣进项税额，后者不可，因此中国企业在赴塞投资时要注意对二者进行区分适用。

4. 环境税

塞尔维亚当地政府对以下企业和个人征收环境保护及改善费用：

①利用公寓、营业场所、土地从事营业活动的业主或承租人；

②对环境有破坏的法人实体和企业家；

③从事运输石油和石油衍生物、原材料、化工产品和中间化学产品及其他危险品的卡车所有者。

环境保护及改善费用适用的最大税率是：

①商业用房每平方米2.64第纳尔，公寓每平方米0.87第纳尔；

②非环保企业销售原材料、原材料中间产品年收益的0.4%；

③运输的石油、石油衍生物或其他危险物品每吨100第纳尔。

环境污染税是对污染环境者征收的一种税。环境污染者通过以下方式污染环境将被征税：

①来自污染源的排放；

②生产或储存的垃圾；

③破坏臭氧层的物质；

④聚乙烯塑料袋。

5. 不动产税

针对遵循国际会计准则和国际财务报告准则的纳税人，塞尔维亚政府对位于其境内的房地产征收不高于上一年度12月31日房地产公允市价0.4%的不动产税。拥有房地产产权的个人和法律主体应缴纳不动产税，包括房屋、公寓、营业场所等建筑物，以及建筑用地、农业用地及森林用地等。

对房地产的“登记价值”征收房地产税，适用0.3%~2%的累进税率。

关于特许经营中涉及的不动产税的处理：如果特许协议的价值超过5000万欧元，私人合伙人可以就其获得的财产减免不动产税。可以免税的财产为私人合伙人根据特许协议获得的土地以及在该土地上建造的设施。如果土地和设施将在特许权协议到期后移交给塞尔维亚共和国或授予特许权的国家机构，则私人合伙人可享受减免不动产税待遇。

在特许协议价值超过5000万欧元的情况下，私人合伙人向特许经营者转让财产可免征财产转让税。

6. 地方公共设施费

地方公共设施费是专门针对特定商业活动征收的费用。特定商业活动包括使用公共场所用于经营、赌博机维护、广告牌使用、占用公共空间进行建筑工程活动及建筑材料的存放等。

地方公共设施费是对地方范围的公司总部及运营部门征收的费用。小型法人实体和创业企业免征公共设施费。新成立的特定行业实体及从事石油衍生品、烟草制品和水泥生产的实体，依据集团所在不同行业和地区，在企业注册成立年度按照小型实体适用的税率征税。

[**案例**4-3]

有一家在英国注册成立的有限责任公司（简称甲公司），其股东之一所在国为欧盟成员国。甲公司持有一家塞尔维亚有限责任公司的全部股权（简称子公司），并与塞尔维亚当地企业（简称乙公司）就其子公司股权转让事宜达成协议。甲公司在塞尔维亚无常设机构，因此在塞尔维亚法律上被视为非居民。由于甲公司出售股权的价格高于其购买价格，故依据塞尔维亚法律的规定必须支付因资本利得而产生的预提所得税，在塞尔维亚履行完所有纳税义务，并获得非居民办公室的税务证明之后，方可汇出股权转让所得款。缴纳税款前，甲公司还须将其签署的股权转让协议向塞尔维亚商业注册署办理注册登记手续。

获得非居民办公室税务证明的程序十分复杂。在支付税款前须采取如下步骤：①指定税务代表；②获取非本国居民税务识别号；③开通非本国居民的第纳尔货币银行账号（依据法律规定，强制要求股权转让协议中付款使用本国货币）；④获取要求的电子证书以提交报税表；⑤提交报税表和要求的相关文件；⑥税务机关确定税额后签字记录；⑦在税收评估决定完成并交付后，支付税收。另外一个难题是缴纳税款数额的确定方法。根据塞尔维亚《企业所得税法》，资本收益须根据股权转让协议约定的价格确定。这意味着纳税人有义务全额支付资本利得税，即使买方尚未依约足额支付股权转让款。

在全额支付预提税后，甲公司可以申请发放税务证明，允许其将资金从塞尔维亚的非本国居民银行账户转入国外的银行账户。在向银行申请转移资金时，须连同转账单向银行提供相同的税务证明。

点评：

塞尔维亚的非居民银行账户转移资金的手续较为复杂，耗时较长。塞尔维亚的税基计算不同于中国，计算方式较为混乱，须依据当地操作细则计算。这就要求我国企业在具体的实际操作中，做好事前调查工作，充分了解当地税务机关的工作流程，并预留足够的办事时间，注意交易中税务成本的剔除与分担，避免承担不必要的赋税成本损害交易价值。

（三）报税相关手续

1. 报税时间

纳税期为一个日历年度或其他期限，纳税期满后计算税基并计算应纳税额。一个纳税期内可以有多个报税期。不同税种的纳税期和报税期不相同，主要税种计税期为一个月，每月进行纳税申报并纳税。

2. 报税手续

企业在登记注册及在有关部门办理相关证照后，企业相关情况将被通知到所在地税务机关，报税时企业只须向当地税务机关提交税收报表即可。一般通过注册会计师向地方税务局上报。

3. 报税资料

依据塞尔维亚税法，企业报税的资料主要是企业营业许可、往来账目、纳税号码、进出口登记等。

七、塞尔维亚关于用地的法律规定

（一）土地资源管理部门

塞尔维亚不动产的主管登记部门为不动产地籍处，不动产地籍处隶属于塞尔维亚中央政府土地测量局，在各个自治省市和地方部门设有相应的管理机构。依据塞尔维亚《国家测绘与不动产地籍法》的规定，不动产地籍处负责三类不动产的地籍登记：

第一类是土地，包括农业用地、林地、建设用地和其他土地；

第二类是建筑物和地下建筑物，包括工业建筑、文化设施、运动与娱乐设施、居所和其他建筑等；

第三类是单项财产，包括公寓、经营场所、车库等。

塞尔维亚不动产地籍处设有不动产地籍数据库。该数据库的公开程度有限，公民可在线查询相关抵押是否存在，但不能显示相关个人的信息。如想获得相关信息，利害关系方须提供利害关系证明。根据《国家测绘与不动产地籍法》的规定，按照相关法律程序登记在地籍处的信息应视为正确并可信赖的，个人和法律实体依据该等信任信息作出的行为应当受到保护。受让人如因不动产地籍处信息记载错误或者未及时更新而致使权利受损失，有权向转让人追偿。

［案例 4-4］

某塞尔维亚公司拟进行一处土地的所有权登记和该土地上已建造的三处建筑的登记。在提交请求之前，不动产购买协议的原始文件不慎丢失。因为不动产地籍处不接受副本文件，该公司向存档的法院申请调取原件档案。在调档过程中，该公司获悉以前的业主在其中一处建筑物上设立了抵押担保以向银行申请贷款，同时发现另外两处建筑信息记载有误，合同载明的识别信息与不动产地籍处数据库记载的信息不一致。该公司从法院获得合同原件后，成功地完成建筑所有权登记，但是已设置的抵押问题未能解决，且该公司仍不能登记为另外两处建筑物的所有权人。由于未经业主同意，银行拒绝取消在房地产上设置的抵押，所以该公司被迫向法院提起诉讼，并最终基于法院判决获得了所有权。

点评：

不动产领域的主要风险之一为不动产地籍处数据的不准确性。一方面，不动产权利人可能怠于向不动产地籍处申请权利及其变更情况登记；另一方面，不动产地籍处办事效率不高，更新数据滞后，加之土地权属状况和地上建筑物状况不符等因素，使得不动产地籍处登记的数据与客观情况存在出入，给潜在购买者带来巨大麻烦。

建议我国企业和公民在塞尔维亚投资不动产之前，除调取不动产地籍处最新的数据之外，还须对不动产进行实地勘察，并要求转让方在合同中就不动产的权属状况，尤其是有无抵押担保等权利负担情况进行保证。

（二）土地立法及主要内容

塞尔维亚尚未制定统一的不动产法，关于土地及其他不动产的性质、取得、转移、登记、规划、建设等各方面事宜的规定散见于不同法律规定之中。

塞尔维亚《宪法》规定，不动产可以是公共产权或者私有产权。公共产权包括国家财产权、省级自治区域财产权和其他地方政府财产权。除此之外，比较重要的法律规定还包括《土地法》《农业用地法》《规划与建设法》《国家测绘与不动产地籍法》等。

1. 土地类型

塞尔维亚的土地分为国有土地和私有土地，包括三类，即建设用地、农业用地和林业用地（含森林）。

根据《规划与建设法》的规定，建设用地可分为已用于建造的土地和尚未建造的土地，以及已开发土地和未开发土地。已建造的建设用地是指已建造长久使用的建筑设施的土地，未建造的建设用地是指尚未建造建筑设施的土地、土地上的建筑设施并未获得合法许可的土地、建造了临时建筑设施的土地。已开发的建设用地是指已配备建筑设施并按照建设文件和其他条件开发建设的土地。

依据《农业用地法》的规定，农业用地是指用于并仅限用于农业生产的土地，包括花园、果园、草地、牧场、鱼塘、芦苇和沼泽等。农业用地又分可耕土地和未开垦土地，包括国有土地和私有土地。

森林的保存、保护、规划、利用以及森林和其他林地的管理等重要事项受《森林法》约束。依据《森林法》的规定，林木覆盖面积超过 5 英亩（约 2 万平方米）且最低三冠覆盖率达到 30%时，应视为森林。依据法律规定，林地是指种植林木的土地，该土地用于合理地种植林木，并具备适于森林管理的特征，不得用于其他用途。

2. 土地权利

（1）土地所有权。

建设用地和农业用地包括国有产权和私有产权两类。私权利主体的所有权是不动产领域的最高权利，因此，限制私权利主体对其土地的使用、占有、处置行为，须有明确的法律依据并经所有权人同意。

（2）土地使用权。

对于国家所有的或者他人所有的土地，自然人和法律实体可以有条件地取得相应的土地使用权，以进行农业或建设开发，通常需要支付一定的费用，如土地使用权转让费。在塞尔维亚持有使用权并不当然赋予使用权人在该土地上建造房屋的权利，还须获得相关建筑许可和占用许可。

（3）优先购买权。

与农业用地相邻地块的所有权人拥有优先购买权，因而农业用地的所有权人在与其他买方签订买卖合同之前，应当向所有相邻土地的所有权人披露相关买卖机会。塞尔维亚的法律规定农业用地仅限于农业生产使用，但可依照相关的规划，支付一定的费用将该类土地转化为建设用地。

（4）土地抵押权。

在塞尔维亚过去的数十年间，建筑物抵押是获取银行贷款进行收购和其他投资活动的主要担保方式之一。塞尔维亚的不动产抵押由塞尔维亚《抵押法》及其相关修正案管辖，该法的颁布使建筑物抵押更为便利，在主债务人或抵押人违约的情况下，能更有效率更自由地变卖抵押物以清偿欠款，从而促进融资活动的开展。

3. 权利转让

在过去的几十年，塞尔维亚的个人和法律实体无法获得塞尔维亚建设用地的所有权，这也被视为塞尔维亚法律制度的主要特点之一。在社会主义时期，塞尔维亚将建设用地全部收归国有，原来的所有权人变成了“使用权人”，在法律上仅享有使用权，且直至2003年，前述土地使用权不得任意买卖或转让。

《规划与建设法》于2009年生效后，塞尔维亚自“二战”以来首次放开了对建设用地的所有权限制，允许公民和法律实体有条件地将建设用地使用权转换为所有权。该法规定，经登记注册的建设用地使用权人申请将其使用权转换为所有权时，原则上无须进行补偿。

但2015年颁布的《建设用地使用权有偿转换所有权法》作为特别法，又进一步规定了建设用地使用权转换为所有权的相关条件和收费等事宜，且转换费用原则上应与标的土地的市场价值相等。根据该法，有偿转换主要适用于以下情形：

①根据私有化、强制执行或破产程序等法律规定可以转换的公司或其继承人；

②根据在2003年5月13日之前仍然有效的相关法律规定被赋予建设用地使用权的主体；

③受体育活动与协会相关法律规定约束的法律实体；

④国有企业；

⑤因承继南斯拉夫时期相关权利的实体。

补偿款的管理由地方行政管理部门（市级或自治区级）根据土地的市场价值决定，付款方式分为一次性付清和分期等额付清两种。如为一次性支付补偿款，所有权人可享受30%的折扣。如为分期支付，所有权人须提供银行保函、不动产抵押或者动产质押，作为支付分期付款的担保。依据《建设用地使用权有偿转换所有权法》的规定，使用权人有权请求减少补偿款的情形包括：位于落后自治区的土地、有建筑物的土地、拟用于公共设施建设的土地。

（三）外资企业获得土地的规定

外国企业可以租赁建设用地，租用期限最长可达 99 年。外国企业也可以购买建设用地使用权，但需要满足以下条件：

一是外国企业需要在塞尔维亚开展商业活动。

二是外国企业开展的业务需要购买土地，塞尔维亚内外贸易部需要出具关于土地对于该商业活动是否必要的意见。

三是塞尔维亚和外国企业所属国家之间存在互惠关系。塞尔维亚和中国之间存在互惠关系，即中国企业可以在塞尔维亚购买建设用地使用权。

根据塞尔维亚《农业用地法》的原有规定，外国居民不得获得塞尔维亚农业用地的所有权，但是近年来这一限制略有放宽。2017 年 8 月 28 日，塞尔维亚议会通过了《农业用地法》的修正案，规定欧盟国家的公民可以有条件取得塞尔维亚的农业用地，这些条件包括该公民在塞尔维亚居住 10 年以上，耕种农业用地 3 年以上，并对相关农业财产、机械和设备办理了登记手续。而非欧盟国家的公民和外国法律实体仍然不得拥有塞尔维亚农业用地的所有权。在实践当中，有的外国投资者通过在塞尔维亚设立子公司的方式对该法律限制予以规避，从而间接获得农业用地的所有权。

点评：

在塞尔维亚进行不动产投资，投资者通常会与当地企业进行合作，但是可能存在对方企业有所隐瞒的风险。特别是在不动产交易中，某些企业可能掩盖土地权属关系的真实情况，在合同中规避自身责任，加大投资者的交易风险。

八、塞尔维亚关于环境保护的法律规定

（一）环保管理部门

塞尔维亚环境保护部及其所辖的环境保护局是塞尔维亚主管环境保护相关事项的主要政府部门。

环境保护部从宏观上履行环保职责，如确定国家的环境保护体系，指导环境领域的科学研究，保护自然、人文和生态环境免受污染，管理化学品、危险品和其他对环境造成影响的物品，执行与公众参与权、公民信息权和武器使用相关的环保领域的国际条约等，并对环境保护局的工作进行监督和指导。

环境保护局作为一个具有法人地位的机构，主要负责管理协调国家环境信息系统与污染登记册，检测水与空气质量，通过环境指标监测环境质量，执行法律规定和空气质量控制方案，收集和统一环境数据，处理和编制环境报告和执行环境政策，制定处理环境数据及其评估程序，保存和实践相关技术及其在环境保护领域的应用数据，与欧洲环境局和欧洲信息与观察网展开合作，履行法律规定的其他职能。

（二）环保法律法规及基本要点

健康环境权是受塞尔维亚宪法保护的一项基本人权。每个人都有健康环境权和及时知晓环境状态的权利。每个人，特别是塞尔维亚政府有义务保护和改善环境。基于这一规定，塞尔维亚的环境保护有一个广泛的法律框架，这个法律框架由多部法律和规章组成。

在 2009 年，塞尔维亚议会通过了“绿色包装”，即 16 部有关环境保护领域的法律，所有通过的法律都与欧盟指令一致。通过这一系列法律的目的不仅在于保护各个阶段的环境（空气、水、土地），也是为规制危险化学品的正确使用和储存、废物储存、堆填区的维护以及潜在危害环境和人类健康的所有事物。这些规定还赋予地方自治政府环保部门更多的权力。塞尔维亚有关环境的规定分为三个层级，即国家级、省级和地方级。在塞尔维亚进行工厂建设等投资，其获取的文件及许可必须符合上述三个等级的规定。在塞尔维亚设立的法律实体应保证其环境管理制度符合 SRPS ISO 14001 标准。

1. **《环境保护法》**

该法是关于环境保护领域的核心法律，介绍了整体的环境保护制度，所有制度应保障公民享有的健康环境的宪法性权利，并在环境保护与经济发展之间寻找平衡。环境保护制度包括可持续发展的要求和手段，保护自然平衡、自然环境多样性、野生动物的生存，以及环境污染的预防、控制、减少和修复等。环境保护体系由国家、自治省、地方自治政府、公司、其他国内外法律实体、科学和专家组织等公共服务机构、公民、公民团体及其协会、专业机构或其他组织参与构成。公民和法律实体均有义务合理使用自然资源，将环境保护成本纳入投资和生产成本中，并在业务活动中采取环境保护措施。

2. **《废物管理法》**

该法设立了废物分类制度、废物管理规划、与废物管理有关的责任和义务、特殊废物流动的管理、发放许可证的要求和程序、废物的跨界流动以及废物管理的其他重要问题，旨在提高塞尔维亚所有类型废物的回收利用率。其目标是提供减少废物产生的条件，包括开发清洁技术和有效利用自然资源、废弃物的再利用和回收、二次原料与废物的分离、使用废物作为燃料和妥善处置废物。

［**案例** 4-5］

一家在塞尔维亚注册、股东来自中国且法定代表人为中国人的有限责任公司，在塞尔维亚的设备生产线上使用进口机器。

由于在塞尔维亚投资的优势，该公司确定了较低的生产成本（劳动力、公用事业、运输），这可能会使该公司更好地在生产货物的分销渠道市场上立足。此外，塞尔维亚的地理位置使出口程序成本更低、效率更高。但作为进口商，该公司被告知其应在海关程序办结之前针对计划进口的机器支付特殊废物费，之后方能在生产线上安装机器。此外，这些机器将被作为日常证据纳入提交给国家环保总局的年度报告中。

机器分类的不准确性使得进口程序变得更加复杂，这在较大程度上可以归因于有关产品分类和收费的规定措辞过于模糊，主管部门在个案中享有广泛的自由裁量权。在此情形下，机器不能确定是会被归类为第 6 类——电子电气工具（特别是不可移动的工业设备），或是第 10 类——自动化设备。为明确机器分类，该公司委派律师与主管海关机构多次协商探讨，在讨论后该机器被视为大型不可移动的工具，而无须收取费用。

对于进口商而言，如其进口的货物为特殊废物，进口商应及时向国家污染登记处递交报告，否则属于《环境保护法》第 117 条规定的不法行为，主管部门有权处以 50 万～100 万第纳尔的罚款。

3.《**水体法**》

该法规定了塞尔维亚水域的法律地位，确定了水资源综合管理办法，水利设施管理和水土资源规划，水资源活动的资源和资金，可食用资源的可持续利用、监督管理，以及与地表水和地下水有关的规则，包括热矿和矿泉水。

4.《**空气保护法**》

该法规定了空气质量管理及其规范化，制定保护和改善空气质量的组织办法和实施管理办法。为了建立高效的空气质量管理体系，塞尔维亚建立了空气污染水平监控和空气质量数据维护系统。提升空气质量的措施包括：根据固定和机动的污染源设置排量、允许在某些产品上设置排放污染物量、减少温室气体排放，以及预防污染、减少污染和对相关措施的执行和追责等。

5.《**包装和包装废物法**》

该法建立了包装分类和包装废物管理系统。该系统的目标是考虑产品包装的成本和污染影响，建立更清洁、更少浪费的包装废物管理系统，以更好地保护环境，维护产业的可持续发展。

6.《**化学物品法**》

该法规定了尽量以对人类和环境无害的方式进行化学物品生产、进口和使用。该法的一个特别目标是与其他国家一起提高化学物品的安全性，并鼓励开发危险化学物品的安全替代品。

7.《**环境影响评估法**》

该法要求对环境影响进行评估和研究，任何被认定为对环境有潜在危害的项目必须建立预防性的保护措施。研究报告须基于对现有保护措施、公共调查行为和可替代保护措施的分析起草，以达到整理数据并预测特定项目对人类生活、动植物、土壤、水、空气、气候、物质和文化物品的有害影响。

（三）环保评估的相关规定

在塞尔维亚，对生产经营中可能产生的废气、废水和其他工业排放物等，企业应事先通过有关审批流程，包括：按照当地的环保排放标准进行科学的评估，对可能出现的环保问题提前做好应对方案，然后交由专门的机构进行环保评估，并取得环保部门的支持和批准。

塞尔维亚当地的有关机构和合作方会协助完成审批流程，所需费用和时间因投资和承包项目的大小及条款而决定，特定项目可能会有优惠减免。一般来讲，流程所需的时间约 30 天，费用约 3 万第纳尔。此外，企业必须每年依法登记排放物质的种类和数量，并向地方环保局递交《环境影响报告》。

[**案例** 4-6]

某公司想要在塞尔维亚设立工厂，委托当地一家律师事务所办理相关手续。该公司在塞尔维亚设立工厂的过程中遇到了一系列的困难。根据《环境保护法》规定，设立工厂的地址由当地政府机构确定，但当地没有一家政府机构建立准确的数据来确定设立工厂的地址。这意味着主管机构最终作出的决定存在一定的不确定性。

鉴于工厂设立位置未作出明确规定，利害关系方可通过查询城市规划的方式来获取某位置允许建立的建筑物等信息。为获取该类信息，需向主管城市规划机构提出申请并支付相关费用。一般在提出申请两个星期之后，即可获取相关地址的信息，比如土地类型、在相应地址上计划建造的建筑物的用途和高度等信息。

在该公司最终确立了建厂地址并开始建设工厂后，又出现了另一个问题。即该公司需提交证据证明拟设立的工厂符合环境保护的规定，并且不会对环境造成有害影响。对于该公司来说，提交该类证据比较困难且花费较高，因为需要进行一些测试，还需到当地机构获取某些文件。接下来，当地政府部门要求该公司提交另一项证据证明其不会产生噪声污染。

在工厂建设完毕，所有机器设备都已安装并投入使用后，又出现了最后一个问题，即当地视察员需要确定工厂使用的机器对环境产生何种影响，因此，该公司还需进行环境影响评估。

点评：

在塞尔维亚的每一个法律实体如对环境造成了有害影响，则会被处以高额罚款。确定罚款金额的标准包括：排放物的种类和数量、产生废物的种类和数量、在市场上使用或放置的产品或原材料中含有的有害物质的数量。

中资企业在塞投资应遵守当地环保有关规定，如投资涉及排污和垃圾处理方面的项目，需要采取特别环保措施，以避免因环境污染问题给企业发展带来负面影响。

九、塞尔维亚反腐败、反垄断及反不正当竞争等方面的法律规定

（一）反腐败相关法律规定

塞尔维亚目前没有关于反商业贿赂及反腐败的专项法律，与此有关的主要立法是《刑法典》。《刑法典》禁止企业主动向官员赠送礼物或给予好处，从而使官员利用其职权干预社会活动的正常进行；同时，也禁止官员向企业索取利益。

如违反法律规定，自然人将被处以 6 个月到 12 年的监禁，法人可能被处以 10 万第纳尔到 5 亿第纳尔的罚金。

（二）反垄断及反不正当竞争相关法律规定

2009年，塞尔维亚参照欧盟《竞争法》制定并颁布了现行的《保护竞争法》。该法的主要内容包括禁止限制性协议、禁止滥用市场支配地位等。不遵守竞争规则的公司将被处以罚款，罚款金额最高为公司在被调查前一年在塞尔维亚年度营业额的10%。

该法适用的主体主要包括：国内外公司，国家机关、地方政府，自然人、协会（工会、机构、合作社等）。

不公平竞争的行为主要包括：直接或间接设定买卖价格或其他贸易条件、控制产品的开发技术、通过不当手段使经营者处于不利的市场地位、通过不当手段分享供应商来源、强制签署限制性协议等。

十、塞尔维亚对保护知识产权的规定

（一）知识产权保护机构

塞尔维亚知识产权局是塞尔维亚有关知识产权保护的主管机构，对专利、商标、工业设计、原产地标志、半导体产品拓扑图、著作权及邻接权进行保护。

知识产权局在工业产权方面的主管内容与在著作权及邻接权方面的主管内容存在某些差异。工业产权方面，知识产权局主要负责相关领域相关关系的规范，并负责实施授予专利、商标、工业设计、原产地标志的行政性事务。著作权及邻接权方面，知识产权局主要负责监督该领域的情况，以及对相关组织集体管理著作权及邻接权的工作进行行政监督。

同时，知识产权局设立了登记处，对申请人授予相关工业产权的申请、行政程序及被授予权利的决定进行登记。在已授予的工业产权进行登记后，相关权利的持有人则会被签发权利证书。登记处下设有信息系统科、财务事务组及人力资源和基本事务组。知识产权局的官方公报每隔两个月发行一次，主要公布有关专利和发明申请以及被授予工业产权的信息。

知识产权局的另一重要职能是加强与国内外机构或组织的合作。在国内层面，知识产权办公室与塞尔维亚商会、贝尔格莱德商会、区域性商会、发展署和司法学院分别签订了谅解备忘录以通过共同努力提高全体社会的知识产权保护意识。在国际层面，塞尔维亚加入了世界知识产权组织和欧洲专利组织等全球或区域性组织，并与奥地利、中国、俄罗斯等国家开展知识产权合作，此外，塞尔维亚在申请加入欧盟的过程中，也着力发展其与欧盟知识产权局的合作。

（二）知识产权相关法律法规及主要内容

塞尔维亚知识产权分为工业产权和著作权及邻接权，其中工业产权分为专利权、商标权、著作权及邻接权等。

1. 专利权

塞尔维亚《专利法》涉及了专利权的各项规定，《专利法》主要规定了被授予专利权的条件，专利权的获得及权利内容，专利权的限制、保护、转让、撤销，欧洲专利及其申请，微型专利等内容。除了《专利法》，塞尔维亚还签署了一系列与专利权相关的国际条约，包括《合作与扩展协议》《关于批准国际专利分类斯特拉斯堡协定的法案》《批准专利法条约法》《批准欧洲专利条约法》。

在塞尔维亚，任何领域内具有新颖性、创造性和实用性的发明都可以申请专利。专利权中的发明客体可以是产品、方法及其使用。下列事项不被视为专利权中的发明：发现、科学理论及数学方法、计算机程序、信息显示、审美创造、智力活动的规则和方法。对于商业使用违反公共秩序及道德的发明亦不能被授予专利权。

《专利法》将专利分为一般专利和微型专利。一般专利和微型专利在发明的标的、保护期限及申请程序上都存在差异。一般专利发明的标的为产品、方法及其使用，而微型专利发明的标的仅限于产品结构的解决方案或产品部件的布局。一般专利的保护期限为 20 年，而微型专利的保护期限为 10 年。微型专利的申请无须公布，且无须拟定检索报告，另外，申请微型专利的发明无须具备像一般专利同样的新颖性、创造性和实用性。

申请人申请专利，须以塞尔维亚语填写申请书（申请人也可以用外语书写申请书，但必须提交塞尔维亚语的翻译），在知识产权局的接待处或通过邮寄递交，申请书一式三份。在知识产权局收到完整的申请后，申请人会收到受理通知书，该受理通知书会载明其申请编号及收到其申请的日期。专利申请书必须包括关于授予专利权的请求、发明描述、一项或多项专利申请以及摘要。在国家行政机关收费价目表中规定了申请专利的费用。如专利申请人为自然人，则申请费减半。申请费可通过银行或邮局支付。

知识产权局可以根据任何人的请求随时部分或全部撤销已授予的专利或微型专利。但须满足如下条件：被授予专利权的发明不具备新颖性、实用性、创造性，被授予专利权的发明属于《专利法》中规定的不得被授予专利权的范围，被授予专利权的发明未按照《专利法》的规定清晰完整地予以描述，专利权范围超出了发明描述书中所述范围。

申请人对知识产权办公室作出的相关决定不服的，可以自收到相关决定 15 日内向政府提出行政复议。如申请人对政府就该行政复议作出的决定仍然不服，可自收到该决定 30 日内向法院提起行政诉讼。申请人可通过两种方式查询其专利是否被授予。第一种方式是在知识产权办公室的档案中心查询有关发明的所有信息，无须付费。第二种方式是根据发明的具体内容，提交书面申请在国家或国际专利数据库查询相关信息，但需要缴纳一定的费用。

专利权可以通过书面协议进行全部或部分转让，转让协议应当包含以下内容：合同双方的姓名或名称、住所，协议签订日期，专利或微型专利登记号、申请号。专利权人或受让人可以在知识产权局进行专利权转让登记，登记时须提交转让合同的原件或经认证的复印件，未经转让登记不得对抗第三人。

专利权具有地域性，塞尔维亚知识产权局授予的专利权仅在塞尔维亚境内有效。专利权人如希望其权利在塞尔维亚境外仍受保护，可通过以下三种方式：其一，申请目的国专利，即专利权人可直接向要求保护的国家知识产权主管机构提出授予专利权的申请。但是专利权人提交申请的国家须为保护发明条约的缔约国。其二，申请《专利合作条约》（PCT）专利，法律依据为《专利合作条约》和塞尔维亚《批准专利合作条约法》。通过 PCT 机制申请的专利可在《专利合作条约》的缔约国受到保护。申请人可以向塞尔维亚知识产权局或世界知识产权组织提出 PCT 专利申请。其三，申请欧洲专利，法律依据为《欧洲专利条约》和《批准欧洲专利条约法》。申请人可以向塞尔维亚知识产权局或欧洲专利办公室提出专利申请，以使其专利在欧洲专利组织成员国受到保护。申请欧洲专利的语言为英语或法语、德语。

2. 商标权

塞尔维亚《商标法》涉及了商标权的各项规定，《商标法》规定了商标的形式、商标保护、商标的种类、商标注册、国际商标登记、商标权利人的权利范围、商标注册变更登记、商标的注销、商标登记的无效等内容。除了《商标法》，塞尔维亚还签署了一系列条约，包括《货物和服务国际分类协定》《商标图形要素国际分类协定》《商标国际注册马德里协定》《关于保护奥林匹克标志的内罗毕条约》《商标法条约》《商标法新加坡条约》等。

商标作为一种区分标志，在交易中用来区分不同的商品或服务。在塞尔维亚，文字、标语、字母、数字、图像、色彩结合、三维图形都可以用作商标。通用类的文字不能用作商标，自然人的姓名及肖像可以用作商标，但须经本人同意。如需用已去世的人的姓名或肖像作商标，则须取得其父母、配偶及子女的同意。如以历史人物或其他著名但已去世的人的姓名或肖像作为商标，须取得相关主管机构的授权及已去世人物三代亲属的同意。

《商标法》将商标分为独立商标、集体商标及证明商标。独立商标的持有主体可以为个人和法人。集体商标是指代表某一特定类型的制造商和/或服务提供商法人的商标。证明商标是指在商标持有人的监督下，由某些法律实体使用，用以证明其所提供商品或服务的质量、原产地、生产方式等特性的商标。

任何自然人或法律实体都可以申请注册商标。商标申请人可通过邮寄或在知识产权局现场申请的方式注册商标。塞尔维亚公民或在塞尔维亚成立的法律实体可不通过代理人提交商标注册申请，但外国人或外国公司必须委托代理申请注册商标。商标自注册时生效，其保护期限为 10 年，但可以续期。商标具有地域性，即塞尔维亚知识产权局注册的商标只适用于塞尔维亚境内，商标的国际保护也可通过《商标国际注册马德里协定》等机制得以实现。

点评：

塞尔维亚是马德里联盟成员国，可通过商标国际注册的形式在马德里联盟成员国间进行商标的注册（中国也是该联盟成员国）。因此，中国投资者可按照《商标国际注册马德里协定》的要求，在中国境内进行塞尔维亚商标的申请。申请人可通过两条途径办理：委托商标代理机构办理（符合条件的机构名单在国家商标局公布）或在国家商标局国际注册处自行办理。

国家商标局收到齐备的申请材料后，会登记申请日期，编订申请序号，并通知申请人缴费。申请人应尽快缴费，只有在收到足额汇款后，国家商标局才会正式受理该申请。如果申请人在2个月内未缴费，该申请将会被作废。

应利害关系人（如具有类似特征的商标的较晚申请人）的请求，如果商标持有者或被授权的人无正当理由自商标登记之日或自商标最后一次使用之日起连续5年未在塞尔维亚境内使用该商标，知识产权局可以决定终止全部或部分商标权。应利害关系人的请求，如果商标成为商品和/或服务的通用名称，商标持有人或其法定继承人的使用方式违背了公共秩序或公共道德，或者有关商品或服务的原产地、质量或其他属性可能会造成交易混乱，知识产权局可以决定终止全部或部分商标权。如若申请人的商标保护请求未获支持，申请人可根据《一般行政程序法》的规定提出行政复议或者申诉。

3. **著作权及邻接权**

塞尔维亚《著作权及邻接权法》涉及了著作权及邻接权的各项规定，《著作权及邻接权法》主要规定了著作权的保护、权利人、内容、限制、转让、期限、邻接权的内容、著作权及邻接权的授权等内容。

除了《著作权及邻接权法》，塞尔维亚还签署了一系列的条约，包括《世界知识产权组织著作权条约》《世界知识产权组织表演及录音制品条约》《国际著作权公约》《保护文学和艺术作品的伯尔尼公约》等。

著作权包括作者对其创作的文学、科学和艺术作品方面的权利，以及其他创造性活动领域的作品的权利。著作权由财产权及精神权利构成。财产权包括复制权、发行权、出租权、代表权、广播权、信息网络传播权等权利。精神权（又称人身权）包括署名权、保护作品完整权、反对不合理使用作品权等权利。塞尔维亚《著作权及邻接权法》明确规定，作者的精神权利及财产权利从著作活动开始时产生，这种权利的保护机制是自动的，在著作活动开始时该权利就已存在并受到保护。

创作的作品必须满足如下条件才能受到著作权保护：首先，创作的作品必须是人类智力创造的活动；其次，创作的作品必须包含某些精神上的内容成果；再次，创作的作品必须以特定的形式表达出来；最后，创作的作品必须具有一定的原创性。

员工在执行工作任务时所创作品的著作权归属于该员工，除非劳动合同另有约定。雇主在该作品完成后的 5 年内有权在商业活动中使用该作品。雇主使用著作权作品，员工有权获得适当补偿。尽管雇主有权使用该作品，但著作权中的精神权仍然归属于员工，因此，雇主在使用作品时，须标明作者姓名及笔名。雇主使用 5 年后，员工享有该著作权作品经济权利的独有权利。

在塞尔维亚，邻接权包括表演者权、唱片制作者权、录像制作者权、广播制作者权、数据库制作者权、第一时间出版自由作品的出版者权等权利。表演者权是指表演者表演他人作品享有的财产权和精神权。表演者享有表明身份权、保护表演形象不受歪曲等权利，表演者可将财产权利转让给第三人。唱片制作者权是指唱片制作者对其制作的唱片享有财产权，制作者可以为自然人或法人。录像制作者权是指录像制作者对其制作的录像享有财产权。数据库制作者权是指数据库制作者对其制作的数据库享有财产权。数据库是指独立数据或其他系统组合材料的集合。第一时间出版自由作品的出版者权是指任何人有权在作者财产权保护期限到期后，第一时间出版作者的作品，其享有的财产权利等同于作者享有的财产权。

外国公民的作品在塞尔维亚得到保护，须满足两个条件。首先，塞尔维亚批准的国际条约中存在该外国公民寻求的著作权保护形式。其次，该外国公民母国与塞尔维亚存在并实施了互惠原则。外国公民或法人的工业设计如需在塞尔维亚获得保护，也需要满足前述类似条件，即存在相关国际条约和互惠事实。

十一、塞尔维亚对外国公司承包当地工程的规定

（一）工程建设管理机构

塞尔维亚建设、运输和基础设施部是主管工程建设的政府部门，工程建设领域的主要职责包括为住房和建筑业的可持续发展提出和制定战略、法律和其他改善建筑环境质量的政策；制定和监督有关住房、公共活动、能源效率和建筑产品领域法律法规的实施应用；协调国内相关法律法规和欧盟及国际法案；确定住房、建筑政策和城市发展领域的战略和行动文件；在住房、社区活动以及实施住房和建筑政策措施方面向地方政府单位提供专业协助；监测住房领域国际标准、法规和指标的制定和应用，提高建筑环境质量、能源效

率和建筑产品标准；分析基础设施需求，规划和起草地方公共基础设施方案提案等。

塞尔维亚建设、运输和基础设施部下设建筑事务、统一程序和立法实施部门，主要职责包括颁发建筑许可证、利用许可证，将建筑物连接到市政基础设施网络，已建建筑物的产权登记，对建筑物合法化的条件、程序和方法进行规定等具体事务。

（二）许可制度

塞尔维亚法律规定，外国承包商在塞尔维亚从事承包工程首先须在当地注册公司，然后申请获得相应许可。

企业参加承包工程项目投标的基本条件和规定主要包括：

①企业须在塞尔维亚商业注册署申办成立公司的注册登记和经营业务注册登记，申办成立的公司须在塞有合法经营地点；

②企业 5 年内无违法、犯罪及经济违规行为；

③无法院或工商、行政执法机构的强制勒令破产、清算或停业整顿等处罚记录；

④企业须遵照塞尔维亚法律规定及时纳税；

⑤企业须有塞尔维亚工商行政主管机构颁发的从事公共采购业务的有效许可，该许可要依据政府行政主管部门的特别规定颁发（外国企业受一定限制）；

⑥企业具有足够的经营业务资金和融资能力；

⑦企业拥有一定的经营能力和符合法律规定的技术实力（外国专业技术人员的执业资格受到限制）。

此外，承包商的所有相关雇员必须持有必要的专业资格和执照。

（三）禁止领域

除军工工程外，塞尔维亚对外国承包商承揽工程承包项目无限制，但外国自然人承包商受施工能力、资质等技术性限制，基本无法承揽大型工程承包项目。

（四）PPP 承包模式

塞尔维亚政府欢迎并鼓励外资企业采取 BOT（建设-运营-转让）、PPP（公私合营合作制）、特许经营以及投资等多种模式在塞承建有关项目，并愿意提供积极协助。合作细则可根据具体项目情况进一步探讨。

塞尔维亚法律框架对 PPP 模式和特许经营进行了区分，两者同受《PPP 和特许经营法》的规制。2011 年底，塞尔维亚首次引入 PPP 概念，但有关规范 PPP 执行的立法直到 2013 年年中才获得通过，因此一段时间内 PPP 的适用性非常有限。

截至 2023 年，塞尔维亚 PPP 委员会批准了约 20 个 PPP 项目，主要为公共交通、公共废弃物收集、运输以及公共基础设施等领域的整修工程，其中仅有几个项目进入了合同和实施阶段。

塞尔维亚各级政府对 PPP 模式持积极态度。一方面是因为 PPP 项目可为所投入的资金带来更多回报，特别是在提供重要的公共服务时；另一方面是因为塞尔维亚政府正根据国际货币基金组织的相关安排限制预算开支，而 PPP 项目不会出现在公共部门的资产负债表中，这对于塞尔维亚来说尤为重要。

十二、塞尔维亚对中国企业投资合作的保护政策

1. 双边投资保护协定

中国和南斯拉夫联盟共和国于 1995 年签署《关于鼓励和相互保护投资协定》，后由塞尔维亚承接该协定。

2. 避免双重征税协定

中国和南斯拉夫联盟共和国于 1997 年签署《关于对所得和财产避免双重征税的协定》，后由塞尔维亚承接该协定。

3. 其他协定及发布的声明

中塞两国政府签订的重要双边协议及文件有：

·《中华人民共和国和塞尔维亚共和国关于建立战略伙伴关系的联合声明》（2009 年 8 月 20 日）；

·《中华人民共和国和塞尔维亚共和国关于深化战略伙伴关系的联合声明》（2013 年 8 月 26 日）；

·《中华人民共和国与塞尔维亚政府关于共同推进丝绸之路经济带和 21 世纪海上丝绸之路建设的谅解备忘录》（2015 年 6 月）；

·《中华人民共和国和塞尔维亚共和国关于建立全面战略伙伴关系的联合声明》（2016 年 6 月 19 日）；

·《中华人民共和国政府和塞尔维亚共和国政府在共建“一带一路”倡议框架下的双边合作规划》（2019 年 4 月 25 日）。

十三、在塞尔维亚解决纠纷的主要途径及适用法律

在塞尔维亚，民商事争议解决方式主要包括诉讼、仲裁、调解与

和解四类，其中，诉讼是最常见、最主要的争议解决方式，而仲裁和调解在塞尔维亚政府及相关机构的推广下逐渐获得认可。与之相关的主要规定包括《法院组织法》《法院与检察院地域管辖权法》《民事程序法》《仲裁法》《调解法》《执行与担保法》《破产法》等。

除此之外，塞尔维亚还加入了关于法院判决或仲裁裁决承认与执行的相关公约，包括1923年《日内瓦仲裁条款议定书》、1927年《日内瓦执行外国仲裁裁决公约》、1958年《承认及执行外国仲裁裁决公约》（又称《纽约公约》）、1961年《欧洲国际商事仲裁公约》以及1965年《解决国家与他国国民间投资争端公约》。

中国企业前往塞尔维亚投资、建厂、合作、经营过程中，应当遵守当地的法律法规，认真履行签订的合同。如果中国企业在塞发生商业纠纷，最好先通过协商方式解决，如协商不成，可以通过调解、仲裁、诉讼等方式解决争议。

点评：

企业在签订合同时，应对未来履行合同过程中可能产生的争议提前设置救济措施，事先在合同中约定出现争议的解决方案。在合同履行过程中一旦发生争议，中国企业应根据争议的性质和规模等及时向律师事务所、经贸仲裁机构等寻求帮助。

（一）调解

调解是指当事人自愿请求由居于中立地位的调解员（一人或数人）对当事人之间的合同纠纷或者其他法律纠纷进行调解，以试图友好解决相关纠纷的替代性争议解决方式。调解主要根据当事人的约定和《调解法》的相关规定开展。继《调解法》2014年修订之后，塞尔维亚颁布了一系列补充和配套规定，如《调解员登记管理程序规则手册》《调解员基本培训计划规则手册》《调解员许可证的颁发、续期和撤销规则手册》《调解员道德准则》等。

根据《调解法》第 9 条至第 16 条相关规定，除将调解作为诉讼前置程序的例外规定外，调解以当事人自愿为前提，具有高度灵活性，既可以在诉讼前启动，也可以在诉讼过程中或者上诉之后再调解，接受调解的各方当事人权利平等。此外，较之诉讼程序，调解还具有高度保密性和高效运作的特点。

塞尔维亚同时也是《新加坡调解公约》缔约国，如发生国际纠纷，可以通过签署和解协议的方式解决（对方无须为该公约缔约国）。该和解协议必须是书面形式，口头协议无效。

通过《新加坡调解公约》进行调解的纠纷须满足以下条件：

一是该公约仅适用国际争议纠纷，不适用国内纠纷。

二是调解必须有第三方调解员介入，双方当事人不得自行达成和解协议。

（二）诉讼

发生商业纠纷的企业可以通过塞尔维亚法院提起诉讼。基层法院是初审法院，负责管理一个或多个市镇的案件。高等法院负责管理一个或多个基层法院的案件，在少数案件中作为基层法院的二审法院。上诉法院是基层法院和高等法院的二审法院。

商业法院裁决商业事务，商业上诉法院是这些案件的二审法院。最高法院有权决定特别司法补救措施，裁决管辖权冲突。

对于民商事案件而言，原告如欲起诉，可向有管辖权的法院直接提起诉讼或者通过邮寄方式递交起诉状，起诉状必须包含明确具体的诉讼请求和原被告名称、地址等必要信息，并附上相关证据资料。法院在收到起诉状后，有权决定拒绝受理或者受理后向被告送达诉状。

一审结束后，任何一方可在 15 天内提出上诉。上诉法院通常将指派 3 名法官组成合议庭进行书面阅卷审理，而不再组织庭审活动，并在收到案卷材料后的 9 个月内作出裁决，实践中二审时限可能会延长。裁决的结果可能是维持一审判决，或撤销一审判决并发回重审，在少数情况下上诉法院也可能径行改判。二审判决一经作出立即生效，但在极其特殊的情况下，一方当事人可向最高法院申请再审，最高法院有权决定是否受理，并在受理后决定维持或者改判，甚至撤销之前所有程序发回一审重新审理。

判决生效后，如负有义务一方未在判决指定的期限内履行相关义务，另一方有权根据《执行与担保法》申请执行。塞尔维亚执行制度的重大特色在于双重执行官体系，即法院执行官和私人执行官（也称公共执行官），通常可由申请执行人自行选择，但法院执行官对个别事项（如家事纠纷）具有专属执行权。从事私人执行官职业有一定门槛，如必须取得法律学士学位、通过执行官考试、具有两年以上工作经验等，其一般根据执行结果收取提成费用，执行效率较高。如申请执行人对私人执行官不满意，有权投诉甚至要求更换私人执行官，也可重新选择法院执行官。

[**案例** 4–7]

在某个申请强制执行的案例中，申请人的股东为外国企业，申请人和被申请人均是在塞尔维亚注册成立的有限责任公司，双方存在贸易往来，申请人供货后，被申请人未依约支付数百万款项。

申请人委托律师介入后，了解到向塞尔维亚的商事法院提起诉讼面临时间长和不确定性等因素，遂向债务人建议签署一份经公证的债权文书以界定双方法律关系、明确债权金额。作为让步，申请人同意分期付款，但如果被申请人迟延支付任意一期款项，申请人有权启动执行程序。

经过数轮谈判，双方签署了债务承担协议，并对该协议办理了公证手续。之后，债务人第三期付款迟延，申请人向法院提交了执行动议和债务承担协议。法院批准执行动议后，申请人提出聘请公共执行官负责具体执行事宜。但在执行过程中，公共执行官因操作失误向债务人重复开具账单。申请人向公共执行官协会投诉，协会对该名公共执行官进行了训诫，之后公共执行官的工作效果显著提升。本案最终通过公共执行官扣划了债务人银行账户上的存款，申请人得以顺利收回货款。

点评：

如果发生诉讼，建议诉讼人先进行情况评估，调查对方偿付能力。诉讼人可以向法官提出扣押债务人资产的要求，其主要目的是保全债权人享有的抵押权，限制债务人动用其财产。

由于塞尔维亚法治建设尚不完善，某些诉讼可能需要几年才能收到最终判决。通常，企业在投资时如与塞方合作伙伴产生纠纷，应以磋商解决作为首选方案，将诉讼法律途径作为最终手段。此外，企业可在合同中明确仲裁条款，以降低相关商业风险。

（三）仲裁

仲裁是与法院诉讼同样重要的争议解决方式，主要受塞尔维亚《仲裁法》保护。较之塞尔维亚法院体系，仲裁具有独立、专业、高效和保密等特点，在塞尔维亚政府部门的推动下，仲裁作为替代性争议解决方式逐渐获得国内外商事主体的认可。仲裁裁决一裁终局，对当事人均具有法律拘束力，与法院判决一样可以申请强制执行。

根据塞尔维亚《仲裁法》等相关规定，仲裁可以分为机构仲裁和临时仲裁两类。机构仲裁指由当事人选定的常设仲裁机构进行仲裁，此种情况下通常按照该常设仲裁机构的仲裁规则进行，但部分常设仲裁机构也允许当事人选择其他仲裁规则。临时仲裁是指根据当事人约定的仲裁规则临时组庭仲裁。

塞尔维亚最大的仲裁机构为对外贸易仲裁院，该仲裁机构于 1947 年成立，是塞尔维亚商会下属的独立机构。2016 年 6 月 30 日，对外贸易仲裁院与塞尔维亚商会下属的另一仲裁机构即常设仲裁院合二为一，更名为塞尔维亚商会常设仲裁院，该仲裁机构有权处理一切具有可裁性的国内外商事争议，前提是当事人约定由其管辖。

除此之外，塞尔维亚还有另一知名仲裁机构，即贝尔格莱德仲裁中心，成立于 2013 年。贝尔格莱德仲裁中心的仲裁规则与联合国国际贸易法委员会仲裁示范法保持一致，允许当事人选择任何仲裁规则，可为临时仲裁提供协助服务。

仲裁裁决可以分为国内仲裁裁决和外国仲裁裁决两类。国内仲裁裁决是指在塞尔维亚境内作出的裁决，与国内法院判决具有相同效力，在自愿履行期限届满后，享有权利的一方可根据《执行与担保法》申请执行仲裁裁决。根据塞尔维亚仲裁实践，自愿履行仲裁裁决的期限通常为 15 天左右。外国仲裁裁决与外国法院判决类似，须经塞尔维亚相关法院承认后，方具有与本土法院判决相当的效力。

我国和塞尔维亚均加入了《承认和执行外国仲裁裁决公约》，因此我国商事主体可以据此向塞尔维亚相关法院申请承认和执行在我国作出的仲裁裁决。根据塞尔维亚相关法律规定，申请承认和执行仲裁裁决的案件由执行所在地的商事法院管辖。

十四、在塞尔维亚投资注意事项

（一）投资方面

1. 客观评估投资环境

由于塞尔维亚政府对投资规划了重点产业和地区，通常会对重点投资项目给予扶持和优惠政策倾斜。因此，中国企业到塞尔维亚投资应选好投资种类和投资领域，最好开展当地政府规划和鼓励的投资项目，利用优惠政策，争取较好的投资环境。

2. 适应法律环境的复杂性

2014 年 1 月 21 日，塞尔维亚加入欧盟谈判正式启动，投资者应注意当地法规的转换、衔接问题，密切关注在法规转轨过程中政府出台的临时性政策和决定，同时加强对欧盟相关法律法规的研究，提前做好应对塞尔维亚法规调整的方案。

3. 做好企业注册的充分准备

在塞尔维亚注册公司，应注意现阶段有关企业注册的简化程序及其变化，避免不必要的支出，如有需要，最好聘请当地律师代办相关注册手续。

4. 适当调整优惠政策期望值

塞尔维亚吸引外资优惠政策主要照顾能够增加就业的企业。应注意不要对当地对外资企业提供资金奖励的政策寄予过高期望。

5. 充分核算税赋成本

塞尔维亚的社会福利捐税比重较大，外资纳税抵免等手续较为繁杂。在征税或减免优惠方面，地方政府与中央政府在某些项目上的做法有所不同，如土地的有偿使用或无偿使用等。应注意认真核算好税赋成本。

6. 有效控制工资成本

塞尔维亚从业人员工资中所包含的社保基金比例较大，须按期缴纳，且当地技术型劳务工资较高，应注意有效核算工资成本。

7. 充分评估投资风险

塞尔维亚正处于经济、法律转轨过程中，赴塞投资面临诸多不确定因素，人为因素影响较大，应充分评估投资风险，谨慎投资决策。

8. 高度重视环境保护

塞尔维亚正不断颁布和修订环保新规，全面完善环保法律体系，加强对环境保护的监管、执法和惩处力度，而塞尔维亚的环保基础设施水平较低，短期内难以达到欧盟环保标准。企业应严格遵守相关法律法规，谨慎处理投资的环境影响评估、总投资中的环保设施建设、运营中的环境保护控制等问题。

9. 重视劳工权利

塞尔维亚生活节奏较缓慢，对生产条件、劳工权利、劳动法律等较重视，工人权利意识较强。应充分认识工作文化的不同，注意工作纪律、加班等容易引发关注的事项。

10. 积极融入当地社会

塞尔维亚各种社会组织、媒体较为活跃。企业应关注与工会、公共组织、社区、媒体的关系，增强信息透明度，积极与利益相关者协商，履行社会责任，关注就业、培训等本地需求。

（二）贸易方面

1. 适应当地支付条件

塞尔维亚进口商通常愿意通过电汇方式分期付款，先预付一定比例的预付款。绝大多数私营企业规模较小，企业最好通过较为可靠的银行信用担保方式收款。

2. 注意提升产品质量

向塞尔维亚出口商品时，要注意保障商品的质量，以赢得良好形象和信誉。特别要做好机电产品的售后服务。

3. 及时关注商品标准

塞尔维亚法律和标准均逐步与欧盟趋同，应及时关注对标准、认证等方面的要求。

4. 态度鲜明不失礼貌

塞尔维亚人民对中国传统友好。中国企业在与当地人商洽具体业务时，需要注意不可含糊其词，要明确表态，以避免不必要的误解。同时要注意以礼相待、措辞得体。

5. 着装得体

塞尔维亚商人出席商务活动或社交场合，很注意衣着和礼貌。男士着西装、打领带，女士要化妆并佩戴首饰。中国企业人员要入乡随俗，适应不同场合，恰当着装，与客人首次见面不要穿休闲服。

6. 关注海关与关税规定和贸易协定

塞尔维亚因贸易协定、自由贸易区等因素而执行不同的海关程序和关税税率。塞尔维亚海关每年公布新的海关税则表，分别列出根据签署的自由贸易协定确定的不同税率，请关注塞尔维亚海关网站。

（三）承包工程方面

1. 关注市场机遇

当前，塞尔维亚政府将基础设施建设确定为重点发展领域，主要包括公路、铁路、火电站、水电站的新建及改造等，为中国企业进入塞尔维亚市场提供了良好机遇。由于塞尔维亚政府将公共债务严格控制在 GDP 比重的 60%以下，财力有限，缺乏建设资金，因此急需外商带资参与其建设。

2. 选好经营方式

由于塞尔维亚政府近年来基础设施建设向外举债较多，公共债务规模不断扩大，财政风险持续加重。世界银行、国际货币基金组织等金融机构纷纷向塞尔维亚政府发出预警，因此，尽管塞尔维亚基础设施建设有较大需求，但塞尔维亚政府不得不创新项目实施模式，明确将公私合营、特许经营等模式作为今后实施有关项目的首选。

此前，中国企业以总承包模式在塞尔维亚参与有关基础设施项目，在融资模式上取得突破创新，对今后在塞尔维亚承建大型基础设施项目的影响很大。

3. 实行本地化经营

在塞尔维亚实施工程项目需要依法在当地注册公司，并须取得当地建设许可和施工许可等准证及批文等，所用工程技术人员和监理等须具备当地法律规定的资质资格，工程设计须符合当地标准和规范。

此外，塞尔维亚为解决失业问题，鼓励外商雇佣当地人员，并提供相应财政补贴。因此，中国企业在塞尔维亚施工可通过属地招聘以及培训，多雇佣当地技术和业务人员，实行本地化经营，确保项目顺利实施的同时也可享受一定优惠政策。

4. 注重互相合作，避免恶性竞争

随着中国对中东欧国家重视程度的不断提高，越来越多的中资企业开始涉足塞尔维亚工程承包市场，彼此之间竞争压力逐渐增大，中资企业之间应加强沟通、理性竞争、互相合作，探讨在塞合作开拓项目的可行方式。

5. **加强风险管控**

中塞双边关系较好，政治风险较低，但塞尔维亚在转型时期，法律更新和修改频繁，新旧规则之间可能存在衔接不畅、透明度不高、缺失实施细则等现象，对各种政策与法律、商业、技术、生态与环保等方面的风险要加强研究和管控。

（四）劳务合作方面

塞尔维亚《外国公民就业法》对境内外国公民就业的要求和程序进行了规定。在取得临时居留权和就业许可后，外国公民方可在塞合法就业，否则会被罚款。

从事劳务外派的中国企业在塞尔维亚开展劳务合作时须注意：塞尔维亚就业形势比较严峻，对外来劳务严格限制，取得工作许可的审批制度和居留制度复杂且严格，工作许可常带有限制条件。同时，劳动法律比较严格，用工制度及劳动保障要求较高，在职业安全与健康、就业与失业保险、养老与伤残、强制社会保险、罢工、劳动纠纷等方面有很多法律规定。企业需要了解当地法律规定和文化背景，与雇主单位保持沟通，减少语言障碍及文化差异导致的误解和摩擦。

在塞尔维亚经营并有需要雇佣中国劳工的企业除以上事项外，建议聘请当地律师协助办理工作许可等相关手续。

（五）防范投资合作风险

在塞尔维亚开展投资、贸易、承包工程和劳务合作的过程中，要特别注意事前调查、分析、评估相关风险，事中做好风险规避和管理工作，切实保障自身利益，包括对项目或贸易客户及相关方的资信调查和评估、对投资或承包工程国家的政治风险和商业风险分析和规避、对项目本身实施的可行性分析等。建议相关企业积极利用保险、担保、银行等保险金融机构和其他专业风险管理机构的相关业务保障自身利益，包括贸易、投资、承包工程和劳务类信用保险、财产保险、人身安全保险等，银行的保理业务和福费廷业务，各类担保业务（政府担保、商业担保、保函）等。

建议企业在开展对外投资合作过程中使用中国政策性保险机构——中国出口信用保险公司提供的包括政治风险、商业风险在内的信用风险保障产品，也可使用中国进出口银行等政策性银行提供的商业担保服务。

中国出口信用保险公司是由国家出资设立、支持中国对外经济贸易发展与合作、具有独立法人地位的国有政策性保险公司，是我国唯一承办政策性出口信用保险业务的金融机构。该公司支持企业对外投资合作的保险产品包括短期出口信用保险、中长期出口信用保险、海外投资保险和融资担保等，对因投资所在国（地区）发生的国有化征收、汇兑限制、战争及政治暴乱、违约等政治风险造成的经济损失提供风险保障。

如果在没有有效风险规避的情况下发生了风险损失，也要根据损失情况尽快通过自身或相关手段追偿损失。通过信用保险机构承保的业务，则由信用保险机构定损核赔、补偿风险损失，相关机构协助信用保险机构追偿。

Chapter 5
第五章

工程项目投建营全生命周期中的合规要求

作为企业风险管理重要组成部分的项目合规管理，首先要识别合规义务，即合哪些规。企业应以适合其规模、复杂性、结构和运行的方式记录其合规义务。合规义务的来源包括合规要求和合规承诺。

1. 合规要求

企业必须遵守的外部各项法律法规、监管规定。

对于境内经营，主要适用境内工程建设相关的法律、法规、部门规章。

对于境外经营，强调所在国的法律法规、国际条约、规则等，包括对外承包工程相关的投标管理、合同管理、项目履约、劳工权利保护、环境保护、连带风险管理、债务管理、捐赠与赞助、反腐败、反贿赂等方面的要求。

2. 合规承诺

企业自愿遵守的指引、合约、协议、内部章程、规定等。

按内容划分，合规义务又可以分为以下四类：

一是法律、法规、规章、政策；

二是行业协会等自律性组织的规范、标准、惯例等；

三是公司章程及企业内部规章制度；

四是诚实守信的职业道德。

我们按工程项目投建营全生命周期，梳理了生命周期各个阶段的合规要求。

一、第一阶段：项目前期论证

在塞尔维亚开展工程项目的投资、建设和运营势必需要严格遵守塞尔维亚关于投资、工程建设、环保、法律、税务等方面的要求和规定，这是企业在塞正常经营的前提，也是企业在塞获得长期稳定发展的必要条件。

（一）中国境内合规要求

中资企业开展境外投资活动前，应当完成中国境内的核准、备案程序，避免出现境外工作完成后因境内合规问题导致投资失败的风险。

1. 中国境内相关政策法规

中资企业境外投资需要遵守的国内相关政策法规主要包括：国家发展改革委、商务部、国家外汇管理局、国务院国资委等部门制定的相关政策法规等，具体内容见表 5-1。

表 5-1　中资企业境外投资需要遵守的国内相关政策法规

序号	部门规章	发文机构	发布时间
1	《境外投资管理办法》	商务部	2014 年
2	《企业境外投资管理办法》	国家发展改革委	2017 年
3	《境内机构境外直接投资外汇管理规定》	国家外汇管理局	2009 年
4	《关于境内居民通过特殊目的公司境外投融资及返程投资外汇管理有关问题的通知》	国家外汇管理局	2014 年
5	《关于进一步改进和调整资本项目外汇管理政策的通知》	国家外汇管理局	2014 年
6	《关于进一步简化和改进直接投资外汇管理政策的通知》	国家外汇管理局	2015 年
7	《关于驻外经商机构为企业办理对外承包工程项目投标（议标）核准意见的暂行规定》	商务部办公厅	2015 年

续 表

序号	部门规章	发文机构	发布时间
8	《关于进一步推进外汇管理改革完善真实合规性审核的通知》	国家外汇管理局	2017 年
9	《中央企业境外投资监督管理办法》	国务院国资委	2017 年
10	《关于进一步引导和规范境外投资方向的指导意见》	国家发展改革委、商务部、人民银行、外交部	2017 年
11	《对外承包工程管理条例（2017 修订）》	国务院	2017 年
12	《境外投资敏感行业目录（2018）》	国家发展改革委	2018 年
13	《对外投资备案（核准）报告暂行办法》	商务部、人民银行、国务院国资委、银监会、证监会、保监会、国家外汇管理局	2018 年
14	《关于做好国内企业在境外投资开办企业（金融企业除外）核准初审取消后相关工作的通知》	商务部办公厅	2018 年
15	《对外投资备案（核准）报告实施规程》	商务部办公厅	2019 年
16	《关于加强疫情期间境外工程项目和在外人员统计的通知》	商务部办公厅	2020 年
17	《关于促进对外设计咨询高质量发展有关工作的通知》	商务部等 19 部门	2021 年
18	《对外投资合作绿色发展工作指引》	商务部、生态环境部	2021 年
19	《数字经济对外投资合作工作指引》	商务部、中央网信办、工业和信息化部	2021 年
20	《对外承包工程业务统计调查制度》与《对外承包工程业务统计调查制度》（修订）	商务部	2022 年

2. 境内核准/备案流程及主要规定

（1）国家发展改革委相关规定。

对敏感类项目实行核准管理，对非敏感类项目实行备案管理。具体见表5-2。

表5-2　国家发展和改革委员会相关规定

项目分类	境内企业直接开展投资	境内企业通过其控制的境外企业开展投资	具体内容
敏感类项目	核准（国家发展改革委）	核准（国家发展改革委）	实行核准管理的，投资主体向核准机关提交项目申请报告并附具有关文件，项目申请报告应当包括以下内容：投资主体情况；项目情况，包括项目名称、投资目的地、主要内容和规模、中方投资额等；项目对我国国家利益和国家安全的影响分析；投资主体关于项目真实性的声明。 核准机关应当在收到项目申请报告之日起5个工作日内一次性告知投资主体需要补正的内容。核准机关应当在受理项目申请报告后20个工作日内作出是否予以核准的决定。项目情况复杂或需要征求有关单位意见的，经核准机关负责人批准，可以延长核准时限，但延长的核准时限不得超过10个工作日，并应当将延长时限的理由告知投资主体。符合核准条件的项目，核准机关应当予以核准，并向投资主体出具书面核准文件。

续 表

项目分类	境内企业直接开展投资	境内企业通过其控制的境外企业开展投资	具体内容
非敏感类项目	央企、大额：备案（国家发展改革委） 央企、非大额：备案（国家发展改革委）	央企、大额：报告（国家发展改革委） 央企、非大额：无须履行手续	实行备案管理的，投资主体通过网络系统向备案机关提交项目申请报告并附具有关文件。项目备案表或附件不齐全、项目备案表或附件不符合法定形式、项目不属于备案管理范围、项目不属于备案机关管理权限的，备案机关应当在收到项目备案表之日起5个工作日内一次性告知投资主体。备案机关在受理项目备案表之日起7个工作日内向投资主体出具备案通知书。 投资主体通过其控制的境外企业开展大额非敏感类项目的，投资主体应当在项目实施前通过网络系统提交大额非敏感类项目情况报告表，将有关信息告知国家发展改革委。投资主体提交的大额非敏感类项目情况报告表内容不完整的，国家发展改革委应当在收到之日起5个工作日内一次性告知投资主体需要补正的内容。
	非央企、大额：备案（国家发展改革委） 非央企、非大额：备案（省级发改委）	非央企、大额：报告（国家发展改革委） 非央企、非大额：无须履行手续	

其中的"敏感类项目"指涉及敏感国家和地区的项目和涉及敏感行业的项目。

"敏感国家和地区"指未与我国建交的国家和地区；发生战争、内乱的国家和地区；根据我国缔结或参加的国际条约、协定等，需要限制企业对其投资的国家和地区；其他敏感国家和地区。

“敏感行业”指国家发展改革委发布的敏感行业目录（2018 年 1 月 31 日发布）中涉及的行业，例如武器装备的研制生产维修、跨境水资源开发利用、新闻传媒、房地产业，其他根据我国法律法规和有关调控政策需要限制企业境外投资的行业等。

“大额”指中方投资额 3 亿美元及以上。

（2）商务部相关规定。

2018 年 1 月 25 日，商务部、人民银行、国务院国资委、银监会、证监会、保监会、国家外汇管理局共同发布了《对外投资备案（核准）报告暂行办法》，规定由商务部牵头对外投资备案（核准）报告信息统一汇总，各部门定期将备案（核准）信息和报告信息通报商务部，实行“备案为主、核准为辅”的管理方式。

2018 年 8 月和 2019 年 7 月，商务部分别出台《关于做好国内企业在境外投资开办企业（金融企业除外）核准初审取消后相关工作的通知》《对外投资备案（核准）报告实施规程》，明确了相关工作细则。

企业境外投资涉及敏感国家和地区、敏感行业的，实行核准管理。企业其他情形的境外投资，实行备案管理。实行核准管理的国家主要是未与中华人民共和国建交的国家、受联合国制裁的国家。必要时，商务部可另行公布其他实行核准管理的国家和地区的名单。实行核准管理的行业主要是涉及中华人民共和国限制出口的产品和技术的行业、影响一国（地区）以上利益的行业。

（3）国家外汇管理局相关规定。

银行按照国家外汇管理局《直接投资外汇业务操作指引》直接审核办理境外直接投资项下外汇登记，国家外汇管理局及其分支机构通过银行对直接投资外汇登记实施间接监管（见表 5-3）。

表 5-3 国家外汇管理局相关规定

分类		规定内容
银行直接办理的事项	境外直接投资前期费用登记	境内机构（含境内企业、银行及非银行金融机构，下同）汇出境外的前期费用，累计汇出额原则上不超过 300 万美元且不超过中方投资总额的 15%。 境内机构汇出境外的前期费用，应列入其境外直接投资总额。 银行通过资本项目信息系统为境内机构办理前期费用登记手续后，境内机构凭《业务登记凭证》直接到银行办理后续资金购付汇手续。 申请材料： (1)《境外直接投资外汇登记业务申请表》。 (2) 营业资质许可（尚未办理“五证合一”的企业，还须提供组织机构代码证）。 (3) 境外投资资金来源证明、资金使用计划和董事会决议（或合伙人决议）、合同或其他真实性证明材料。 注意： 境内机构为其境外分支、代表机构等非独立核算机构购买境外办公用房的，须提交以下材料： (1)《境外直接投资外汇登记业务申请表》。 (2) 境外设立分支、代表机构等非独立核算机构的批准/备案文件或注册证明文件。 (3) 境外购买办公用房合同或协议。 (4) 其他真实性证明材料。
	境内机构境外直接投资资金汇出	银行要求的审核材料主要有： (1)《境外直接投资外汇登记业务申请表》。 (2) 营业资质许可或注册登记证明及组织机构代码证（多个境内机构共同实施一项境外直接投资的，应提交各境内机构的营业资质许可或注册登记证明及组织机构代码证）。 (3) 非金融企业境外投资提供商务主管部门颁发的《企业境外投资证书》；金融机构境外投资提供相关金融主管部门对该项投资的批准文件或无异议函。

续 表

分类		规定内容
银行直接办理的事项	境内机构境外直接投资资金汇出	(4) 境外投资资金来源证明、资金使用计划和董事会决议(或合伙人决议)、合同或其他真实性证明材料。 (5) 外国投资者以境外股权并购境内公司导致境内公司或其股东持有境外公司股权的，另须提供加注的外商投资企业批准证书和加注的外商投资企业营业资质许可。 (6) 其他真实性证明材料。

点评：

企业开展对外投资之前，应针对具体投资项目与各部门确认具体流程及要求。同时，国家对于境外投资行业的政策可能随时变化，因此，投资者应当关注我国针对具体行业的境外投资政策，特别是敏感行业或国家战略不支持的行业的政策变动，及时向相关部门咨询、核实。

(二) 塞尔维亚建设工程行业相关法律法规

塞尔维亚没有专门适用于国际工程承包的法律法规，国际工程承包法律关系的确认主要是依据一些相关法律来进行的。建筑业相关法律文件包括：

· 《规划与建设法》；

· 《设施合法化法》；

· 《建设用地使用权有偿转换所有权法》；

· 《空间单位登记和地址登记法》；

· 《特别重要的线性基础设施建设和重建项目实施特别程序法》；

· 《关于确定是否满足颁发技术文件制作许可证和设施建设许可证条件的方法、程序和数据内容的规定》；

· 《关于建筑工地标志的外观、内容和安装位置的规则手册》；

· 《城市和建设检查员身份和装备规则手册》；

· 《根据设施的类别和用途制定技术文件的内容、方法和程序以及控制方法的规则手册》；

· 《住宅建筑和公寓设计条件及规范》；

· 《建设用地开发方案通过的内容、程序和方式的规则手册》；

· 《建筑物分类规则手册》；

· 《关于建筑物拆除方案的通过程序和内容的规则手册》。

具体的法律文件可以在塞尔维亚建设、运输和基础设施部网站进行查阅和下载。

此外，中国企业在塞尔维亚进行投资建设还需要遵守当地投资、贸易、劳动、税收、环保等各方面的法律法规和政策。

（三）前期论证各子阶段

1. 投资机会研究

（1）投资机会研究方法。

第一步：制定对外投资战略。必须明确对外投资应实现的战略目标，首先须初步确定投资地与投资行业。

第二步：投资环境分析。必须去研究目标投资地的政治、经济、法律体系和税制、行业发展情况、劳动力市场与重大风险因素等内容。

第三步：制定市场进入战略。需要确定投资的方式，例如参股、合资投资等，并且制定市场进入战略与行动计划。

（2）塞尔维亚承包市场分析。

从投资环境的吸引力来看，塞尔维亚的竞争优势主要有以下几方面。

一是经济主导方针是吸引外资和促进就业。塞尔维亚政府积极推动贸易投资自由化，重点推动基础设施建设和劳动密集型产业发展。一方面，塞尔维亚与欧盟、中东欧自由贸易区成员国、俄白哈关税同盟及土耳其等签署了自由贸易协定，并享受美国给予的最惠国待遇，塞尔维亚有关商品出口上述地区和国家享受免关税及免配额优惠待遇，市场覆盖超过 8 亿人。另一方面，塞尔维亚设立包括贝尔格莱德市在内的 14 个自由贸易区，自贸区内可享受关税、税负减免或简化行政程序等优惠政策。区内采取多样化财政鼓励措施，主要包括：进入自贸区的商品以及与该商品相关的运输等服务免征增值税，自贸区内的货物或服务供应免征增值税，向自贸区用户供电和管道气免征增值税，自贸区用户为商业活动及自贸区基础设施建设而进行的货物进口（如原材料、设备、建筑材料等）免征关税和其他进口税，自贸区内可免征某些市政或地区税费。

二是劳动力素质高、成本低且供给充足。塞尔维亚劳动力资源比较充足，适龄劳动人口占总人口的 3/4，每年有大量职业学校毕业生补充就业市场。劳动力素质高，会讲英语的人数约占 40%，且劳动成本显著低于西欧和周边多数国家。在塞发展劳动密集型产业具有成本优势并容易获得当地政府支持。

三是税率较低，针对外国投资者有许多优惠和奖励政策。塞尔维亚的税收体系中主要是所得税和增值税，全国实行统一的税收制度。法律规定，税金估算、征缴、退回等业务的执行权限期为 10 年，但对税务违法行为可终身追溯。目前的税率在中东欧处于较低水平，企业所得税为 15%，增值税为 20%，个人所得税为 10%，同时对投资实行税收优惠和奖励政策。

四是经济处于起步期，未来发展后劲足。2010—2016 年，塞尔维亚经济平均增速仅为0.5%，而同期中东欧国家平均增速为25%。近年来，塞尔维亚为争取加入欧盟进行了一系列结构性改革，逐渐走出经济疲软和洪水灾害的冲击，2018年和2019年的经济增速均在4%以上。尽管2020年受新冠疫情影响经济陷入负增长，但在2021年塞尔维亚经济增速达到7.5%，是中东欧地区经济增长较为强劲的国家。

但是中国投资者在进入塞尔维亚市场之前也需要关注可能存在的风险，比如塞尔维亚财政状况欠佳，资金存在缺口；地处中东欧连接区位，存在一定地缘政治风险；加入欧盟前政策法律变更，导致不确定性增加；经济基础薄弱，投资环境有待改善等。中国企业应做好投资风险分析和管理，多途径降低风险，实现互利共赢。

2. **初步可行性研究**

当企业确定投资领域，获得投资项目清单后，需要进行初步可行性研究来进一步确定拟投资的项目。

初步可行性研究是指在项目意向经过投资机构研究认为具有投资的可能性后，进一步对拟建项目建议进行粗略的技术经济分析，以确定投资机会是否具有可行性，项目范围是否值得通过进一步的可行性研究进行详细分析，是否有一些方面对它的可行性是关键性的，并且有必要通过职能研究或辅助研究（如市场研究、实验室试验、中间试验等）进行深入调查，甚至根据初步可行性研究的结论就可作出投资决策。

对塞尔维亚投资进行初步可行性研究，应重点关注项目细分市场需求情况，如电力、交通、能源，从政府政策及相关风险方面、市场竞争价格、物资与劳动力获取、施工技术等方面进行分析。

点评：

初步可行性研究属于前期市场信息收集阶段，中国企业需要健全的信息收集体系，对目标市场的政治环境、法律法规、风土人情、宗教信仰、地理环境、用工成本、物资条件等信息的调研需要充分真实反映项目运行环境和项目所处的内在和外在的不利影响。

调研是否充分有效直接影响项目的实施方案确定、合同标价制定以及部分决定项目是否盈利等。调研不充分会造成盲目投标，调研不深入、片面地以国内的标准来制作投标标价，极有可能导致企业入不敷出、陷入泥潭无法自拔。

3. 可行性研究

确定拟投资项目后，企业需要开展可行性研究。除财务可行性调研外，境外投资前期调研还应包括投资必要性、技术可行性、组织可行性、经济可行性等调研。

（1）可行性研究框架。

①投资必要性。根据市场调查及预测的结果、有关产业政策等因素，论证项目投资建设的必要性。在投资必要性的论证上，一是做好投资环境分析，对构成投资环境的各种要素进行全面的分析论证；二是做好市场研究，包括市场供求预测、竞争力分析、价格分析、市场细分、定位及营销策略论证等。

②技术可行性。应从项目实施角度，合理设计技术方案，并进行比选和评价。各行业不同项目技术可行性的研究内容及深度差别较大。工业项目可行性研究的技术论证应达到能明确列出设备清单的深度；非工业项目可行性研究的技术论证应达到工程方案初步设计的标准，以便与国际惯例接轨。

③组织可行性。制订合理的项目实施进度计划，设计合理的组织架构，选择经验丰富的管理人员，构建良好的协作关系，制订合适的培训计划等，以确保项目顺利执行。

④经济可行性。从资源配置的角度，衡量项目的价值，评价项目在实现区域经济发展、有效配置资源、增加供应、创造就业、改善环境等方面的效益。

⑤社会可行性。分析项目对当地社会的影响，包括经济发展、就业增加、法律道德、宗教民族、妇女儿童及社会稳定性等。

⑥风险因素及对策。对项目的市场风险、技术风险、财务风险、组织风险、法律风险、经济及社会风险等方面进行全面评价，制定能规避风险的对策。在塞尔维亚开展投资、贸易、承包工程和劳务合作过程中，须特别注意在事前调查、分析、评估相关风险，事中做好风险防控等工作。境外投资项目可行性评估报告框架见表 5-4。

表 5-4　境外投资项目可行性评估报告框架（参考）

一、总论	五、项目经济效益估算
二、项目实施必要性分析	5.1 投资估算依据
2.1 项目宏观背景	5.2 项目总投资估算
2.1.1 宏观政治经济概况	5.3 项目收益估算
2.1.2 宏观政治经济形势判断	5.4 财务评价
2.2 项目必要性	六、项目组织机构与运作模式
2.3 项目必要性结论	七、项目实施进度方案
三、项目实施可行性分析	八、风险与规避措施
3.1 宏观政治经济条件对项目形成有力支撑	8.1 风险因素识别
3.2 地区产业经济环境有利于项目实施开展	8.2 风险影响程度评价
3.3 项目拟选址已初步具备项目实施条件	8.3 风险规避措施
3.4 结论	九、结论与建议
四、项目实施方案	9.1 可行性研究结论
4.1 建设规模与内容	9.2 项目实施关键建议
4.2 产品方案与产值预测	9.3 专家意见
4.3 项目技术方案	—

（2）可行性研究应关注事项。

在编制可研报告的时候，特别需要注意以下方面：

①做好尽职调查。对拟投资的项目展开全方位的尽职调查工作，包括：财务尽职调查、商业运营尽职调查、税务尽职调查和法律尽职调查。

②确定交易价格范围。对投资项目进行全方位的财务测算，对宏观参数、政策变化、关键财务指标等因素进行敏感度分析，确定交易的价格范围。

③制定融资方案。明确融资需求，拓展融资，确定融资结构并制订资金安排计划。

④税务架构设计。进行供应链筹划，并开始税务架构的设计。

4. 项目评估及决策

根据可行性研究报告内容，如果中企内部决定投资后，还需要进一步做好相应的评估，作出最终决策。相关建议如下：

第一，制定交易执行策略。综合考虑项目尽职调查工作发现、分析结果、融资需求等因素，并制定交易执行的策略，还需明确项目退出机制。

第二，商业谈判。明确谈判的要点，制定谈判策略和原则、交易保护条款；就项目运营控制权达成一致，明确公司的治理相关事宜。

第三，相关部门审批。开始境内审批流程（商务部、国家外汇管理局等）以及境外审批流程。

第四，新建项目。工程项目策划、管理、协调，预计相关咨询服务。

第五，建立风险管理体系。制定海外风险管理的相关政策和流程，建立公司海外风险监控体系，包括境外投资项目风险跟踪与内部审计等内容。

第六，完善与优化海外运营体系。设计与优化海外控股公司的管理模式与组织架构，明确业务活动的职能与授权体系，挖掘境外业务的协同效应。

第七，财务、税务、审计和法务等相关工作：

①制订财务管理的目标与工作计划，建立与完善海外财务管控体系；

②税务合规、税务优化、税务争议解决、转让定价、应对海关质疑及合规性管理等；

③准则差异分析和准则转换规划、定期上报财务报表、海外业务专项检查或审计、海外业务升级和资产证券化相关审计；

④项目运营相关法务工作。

第八，人力资源管理相关工作。海外业务人力资源相关的管理工作，包括组织结构调整和岗位设计、能力评估、绩效考核和薪酬福利、个税申报、节税筹划。

[**案例** 5-1]

2019 年 3 月，中国某轮胎企业在塞尔维亚兹雷尼亚宁市自贸区内投资建设的高性能子午线轮胎项目正式启动。该项目是中国轮胎企业在欧洲设立的第一家工厂。项目投资前期，该企业高度重视投资风险评估及项目可行性分析。在拟定初步投资意向前，公司综合研究了投资意向地的法律法规、政策、商业环境，以及未来国内外市场、贸易、融资环境与政策、汇率、国际政治环境及经济形势等因素，并对项目的投资进度、建设期及投资回收期等方面进行反复论证。在分析对比了波兰、捷克、斯洛伐克、匈牙利、塞尔维亚等国家的投资条件后，最终决定在塞尔维亚投资建厂。

二、第二阶段：建设准备

（一）对外承包工程资质及工程许可

1. 中国对外承包工程资质

目前我国对外承包工程的相关国家规定是《对外承包工程管理条例》（2017 修订版）。修订版中将原来《对外承包工程管理条例》第二章“对外承包工程资格”全部删除。这意味着民营建筑企业与央企一样，不再受对外承包工程资质的限制。

根据《对外承包工程管理条例》（2017 修订版）第 16 条规定，对外承包工程的单位与境外工程项目发包人订立合同后，应当及时向中国驻该工程项目所在国使馆（领馆）报告。

根据对外承包工程项目备案管理规定，在境外工程项目投（议）标前，中企需要向国内商务主管部门（中国驻塞尔维亚大使馆经商处）办理项目备案手续；在订立合同后，及时向中国驻塞大使馆经商处报告。报告须书面提交项目具体信息，包括但不限于项目名称、金额、资金来源、业主、地点、签约日期、开工日期、工期、项目内容、中外员工数量等，并附《对外承包工程项目备案表》。对于未按规定进行报告的，记入负面清单。

对外援助项目。对外援助是指使用政府对外援助资金向受援方提供经济、技术、物资、人才、管理等支持的活动。根据 2015 年通过的《对外援助项目实施企业资格认定办法（试行）》，商务部根据援外项目实施企业的不同类别，分别采用资格审查或资格招标方式进行援外项目实施企业资格认定。援外项目实施企业类别包括：对外援助成套项目总承包企业和项目管理企业、对外援助物资项目总承包企业、对外技术援助项目实施单位、对外人力资源开发合作项目实施单位、对外援助项目咨询服务单位。

援外项目实施企业应具备以下基本资格条件:

①系依照中国法律在中国境内设立的法人;

②所有出资人均为中国投资者;

③前三个会计年度未出现亏损;

④前三年未受过刑事处罚、未因进行非法经营活动或违反有关援外管理规章受过行政处罚;

⑤依法纳税和缴纳社会保险费。

在满足基本资格条件的情况下,不同类别企业还须满足资质资格、业绩表现等方面的相应附加条件。经资格认定的援外项目实施企业可在相应的资格类别范围内承担援外项目具体实施任务。

中央企业和其他在国务院工商行政主管部门登记的企业直接向商务部提交申请,其他企业向所在地省级商务主管部门提交申请。企业向省级商务主管部门申请的,省级商务主管部门应当在收到企业提交的申请文件之日起 5 个工作日内完成初核,将企业申请文件连同初核意见一并报商务部审核。商务部应在收到企业提交的完备申请文件之日起 20 个工作日内或收到省级商务主管部门初核意见之日起 15 个工作日内完成审核,作出许可与否的决定。

准予许可的,商务部将颁发有效期为 3 年的许可文件。取得资格的企业需要延续资格许可有效期的,应当在有效期届满 60 日前按规定向商务部或所在地省级商务主管部门提出申请。

2. 塞尔维亚工程承包资质

在塞尔维亚参与工程投标,须向塞尔维亚工程商会办理许可,在企业资质和工程技术标准上取得工程投标资格。工程承包企业在投标时必须出具由塞尔维亚工程商会颁发的“施工企业登记证明”。塞尔维亚工程商会关于认定承包工程施工单位资格和确定施工单位名录的规则、条例主要包括：

第一，审核、认定企业参加承包工程项目招标、公共采购招标应具备的资格和条件。

第二，根据塞尔维亚《公共采购法》、项目招标公告或政府部门决定，确定建设项目施工单位名单（即“商会施工单位名录”），塞尔维亚国家工程商会可授权地方商会确定施工单位名单。

第三，商会向通过资格认定、列入名录的施工单位颁发“招标项目施工企业名录登记证明”。

第四，申请登记进入“商会施工单位名录”的基本条件是：国内外法人、自然人作为施工单位须符合塞尔维亚《公共采购法》第45条和塞尔维亚关于建筑工程的有关规定、资质标准、基本条件和要求。

第五，公司注册地址在塞尔维亚境内的施工单位可以直接申请登记“商会施工单位名录”；注册地址在塞尔维亚境外的施工单位，除要满足上述规定和要求的条件外，还须具备的额外条件是：该施工单位所在国政府与塞尔维亚政府签订相应协议。满足全部条件后，才能申请登记名录。

第六，塞尔维亚工程商会于招标公告在塞尔维亚《国家公告》公布后的次日确定施工单位名录，并将名录发布在国家商会和地方商会的网站上，或通过其他方式公布。

承包工程施工单位申办进入“施工企业登记名录”并获取证明的主要手续和程序主要包括：

第一，依法提供8项书面证明文件，包括：法院注册、工商注册、法院和工商部门出具的未违法违规证明、从事相应业务证明、施工证明、企业主要管理人员和工程技术人员资质证明、业绩证明、企业能力和实力证明（上述证明均须在塞尔维亚办理公证）。

第二，商会定期审核申请企业的会员资格，核实申请单位是否履行了商会会员义务。

第三，对不符合条件和未达标的申请单位，商会不予受理。对手续不齐、未补交证明者，商会在受理申请 8 日后取消该企业的登记名录。

第四，商会颁发的“施工企业登记证明”是投标商参加承包工程和公共采购项目投标的必备证明，也是申办设计许可和施工许可的证明之一。

点评：

塞尔维亚工程商会成立于 2003 年，总部设在贝尔格莱德。商会于 2019 年 9 月与塞尔维亚建设、运输和基础设施部签署合作协议，该协议的目标是改善工程师在规划和建设领域的工作条件。2020 年 2 月，商会与建设、运输和基础设施部签署合同，接受委托负责组织工程领域专业考试、颁发执照、维护注册工程师、建筑师和空间规划师以及注册承包商的登记注册事务。

（二）工程项目招投标

根据塞尔维亚《公共采购法》（包括供货、服务和工程建设项目）规定，政府出资的公共工程均须公开招标。

对国际金融机构贷款建设的项目，如欧洲复兴开发银行、世界银行及其所属机构贷款的项目，塞尔维亚根据国际金融机构《公共项目采购与招标规则》的规定，进行公开的国际竞争性招标。此类招标不要求投标商在当地注册公司，可以直接参加投标，但要经过严格的资格预审程序。

对外国政府贷款建设的项目，塞尔维亚政府主管部门也可根据与贷款国签署的政府间合作协议规避塞《公共采购法》的公开招标规定，采取有限招标方式选择承包商。

无论采取哪种形式招标，承包商中标后，工程施工一般均须吸纳当地公司参与，满足一定比例的本地分包率。

2013 年 4 月 1 日，塞尔维亚新版《公共采购法》正式生效。新版法案加强了对政府及公共部门采购，特别是消耗品采购的监管力度，主要变化包括：设立民间督察员制度，监督 1000 万美元以上的公共采购项目；进一步缩减例外条款覆盖范畴，减少公共采购谈判程序等。

新版《公共采购法》将不适用于国际金融机构融资项目以及双边协议融资项目。目前，根据中塞两国政府 2009 年签署的《基础设施领域经济技术合作框架协议》，中国企业参与由中方提供融资的塞尔维亚公共采购项目时，可与塞方业主直接进行议标，不受新版《公共采购法》的约束。

点评：

投标商参加承包工程项目投标的基本资质要求主要包括：

①塞尔维亚商业注册署的注册登记证明；

②企业在塞尔维亚的纳税证明；

③在塞尔维亚的营业许可证明；

④财务年度审计证明；

⑤近三年在塞尔维亚的经营业绩（新成立公司受到限制）；

⑥企业质量保证说明，设计和工程质量标准和规范要符合塞尔维亚的有关规定（外国公司受到限制）；

⑦企业主要工程技术人员和专家、负责质检人员的执业资格和声明（中国公司人员受到限制）；

⑧投标商已承揽和实施的主要项目图片及资料；

⑨提供标书要求的技术标准和技术规格及质检认证证明；

⑩对工程、生产、服务的保质能力调查报告；

⑪外国投标商还须提供塞尔维亚当地机构对其投标资质的认证和公证（中国公司受到限制）；

⑫投标商须特别确认接受塞尔维亚《公共采购法》第45章第1、2条关于在塞尔维亚注册公司和及时纳税的规定，并注明是总承包还是选项承包；

⑬承包工程施工单位务必在投标时出具由塞尔维亚工程商会颁发的“施工企业登记证明”；

⑭投标商在建筑、水利、能源、交通及通信项目上应用的设计标准、技术标准要取得塞尔维亚各权威机构一致的技术认定。塞尔维亚承包项目招标委员会根据塞尔维亚《公共采购法》，按照上述资质要求，对投标商进行严格的资格预审。

在塞尔维亚，外国法人或自然人可直接作为私营合作伙伴参与PPP项目，但是必须在当地成立一家法人实体以履行公共合同。

塞尔维亚在授予私营部门PPP项目时，会依据特定领域法律规定的政府采购流程，这与列入《PPP和特许经营法》中的特许经营权授予流程不同。

由公共合作伙伴向PPP委员会准备和提交PPP建议书草案。该委员会是依据《PPP和特许经营法》建立的专门机构之一，主要职能为对建议书草案发布正式意见。若PPP委员会批准PPP建议书草案，相关公共机构可正式启动政府采购流程以委任私人合作伙伴。

相关流程的持续时间取决于实际情况，通常为 4~6 个月。在项目更复杂的情况下，比如属于首开先例的大型项目，流程持续时间可能至少需要 12 个月。

（三）工程合同

合同是交易参与方之间权利、义务和责任及风险分配的载体，是当事人之间的“法律”。境外商事主体，特别是欧美企业，都十分重视交易文件，特别是合同文件的起草和谈判工作，做到交易文件的严谨、规范，保护己方利益。相对说来，我国企业对于交易文件的设计和管理较为粗放，对合理利益的争取力度不够，所面临的合同风险更大。

在签订合同的时候，如招标文件中没有相关约定，中企特别需要慎重考虑所签合同模板的选择。在国外签订工程建设合同时，合同示范文本一般来自三个方面：第一，国际上的通用合同示范文本，如国际咨询工程师联合会（FIDIC）公布的合同；第二，中国自己的建设工程合同示范文本；第三，所在国的建筑工程合同示范文本。

塞尔维亚当地的工程项目一般采用的建筑合同范式遵循《合同与侵权法》和《特殊建筑规则》的规定，并根据承包商或业主的具体要求进行调整。特殊情况下，如果项目资金来自外国银行借贷，则多采用 FIDIC 合同范式。在国际项目中，也多采用 FIDIC 合同范式，如红皮书。

与欧盟其他国家相比，FIDIC 合同范式在塞尔维亚的使用尚不够广泛，一方面是由于和当地承包商之间的做法不兼容，另一方面也是因为当地承包商缺乏相关的应用经验。一般而言，FIDIC 合同范式在以下方面与当地的法规和惯例存在差异：投资者向承包商付款的最后期限、工程监督安排、价格修改约定、缺陷通知的最后期限、项目规划和文件编制、争端解决机制、索赔事项等。

根据塞尔维亚法律规定，除非另有约定，否则承包商可以在一定程度上防止工程成本增加。

如果工程价格所依据的要素成本在相关期间内增加超过2%，承包商可以要求增加合同价格。但是，如果在相关期间内成本要素下降至少2%，则业主可以要求降价。如果成本要素变化10%或更多，任何一方都可以要求调整价格，即使合同约定工程价格不能更改。

在由业主原因导致工程延误的情况下，承包商有权在延迟履行的情况下要求提高合同价格，即使合同约定工程价格不能更改。

点评：

中资企业赴塞尔维亚承包工程必须全面了解相关的法律法规，并要严格遵守。在实际操作过程中重视合同签订，明确双方的权利义务、工程建设的工作范围及标准、质量、工期、合同形式及货币、支付方式及付款条件、保函要求、误期罚款、性能指标罚款、税收、保险、设备材料的交货方式、劳务国籍限制、产品标准认证等重要条款，严格按合同条款办事。如对方违反合同条款，应利用相关法律法规维护自身合法利益。

在进行国际合同评审时，须组建专业的合同评审小组，从头到尾仔细审核合同所有的相关条款及所有附件，避免遗漏任何潜在的风险。尤其是大多数国际合同签订所使用的语言为业主所在国家的语言，尽可能用原合同版本语言进行逐条解析和评审，确认无误后再进行合同翻译。在聘请专业翻译公司或者专业翻译人员进行翻译时，必须配备懂专业的技术、法律等相关人员，不仅要避免在翻译过程中由于懂语言不懂技术产生较大的歧义，也要避免由于不同语种语言对于专业词语定义范围的不同产生纠纷。

针对合同金额较大的国际EPC项目，各经营单位应合理评估自身管理水平，必要时可外聘具备充足海外经验的国内律所或项目所在国的当地律所，协助参与合同文本的评审，以提高评审效果。

（四）工程项目设计

为吸引外商投资，塞尔维亚在2014年修改了《规划与建设法》，着手建设制度改革。《规划与建设法》的修正案在获取建设与使用的许可程序上作出了具有重要意义的改进，主要表现在两方面：一是大大缩短了颁发建设许可和办理其他事项的期限；二是引入了统一程序制度（即“一站式”服务），该制度适用于所有建设活动所需文件，包括了区位条件书、设计文件和建设许可证的颁发，所有文件均可从同一行政机关获得。

1. 区位条件书

区位条件书是统一程序里最初始的文件。这些区位文件涵括了各项城市规划要求，诸如，拟建造建筑的用途、最大占地面积、最大地面总面积、楼层数量、建筑物的最高高度、强制绿化面积和其他条件。城市规划要求也会在空间规划书中列明。《规划与建设法》按照所覆盖的区域和城市规划要求所涵括细节的范围，将空间规划进行了分类。最具代表意义的空间规划是常规规划和详细规划，前者适用于某一城市或其他较大的地方单元的整个领域的一般规划建设条件，后者适用于城市或者其他地方单元某个部分的具体规划建设要求。

依照修改前的《规划与建设法》的规定，开展建造活动必须持有空间规划书，如投资者的空间规划书未载明必要参数，则投资者将不能获得建设许可。但依据现行《规划与建设法》的规定，如缺乏适当的空间规划，投资者仍可获得建设许可，空间规划已不再是获得必要许可的决定性因素。

投资者在开展具体的设计工作之前，应符合区位条件书中载明的相关建设规则和技术要求。区位条件书不仅包含了建设规则，还包括拟建造建筑物的交通连接要求和公共服务技术要求。修正后的《规划与建设法》通过引入"一站式"服务，缩短了满足交通条件和公共服务网络等技术要求所需的时间，并将它们纳入区位条件书中。

2. 设计文件

在满足区位条件后，投资者方可进行下一步设计活动，这也是获得施工许可证的前提。投资者应提交建设工程实施设计文件。所有的设计文件（包括技术文件）须由已取得相关执照的建筑师起草，技术文件还须由配备相关技术专家的合法公司进行技术验证，以证明文件是依法起草的并符合某类建筑的相关技术标准。

塞尔维亚《规划与建设法》关于承包工程设计、施工和监理的主要规定包括：

①设计分为总体设计、意向设计、主设计、施工设计、施工图设计；

②设计许可和施工许可根据项目建设规模大小分别由国家部委、地方市、区建设部或城建部门颁发；

③设计和施工单位必须是在塞尔维亚境内注册登记的公司；

④设计和施工单位设计人员、工程和技术人员的学历和资质必须是塞尔维亚认可、承认的学历和资质；

⑤工程监理必须由《规划与建设法》规定的合格人员进行；

⑥设计标准应用塞尔维亚的技术规范、工程质量和安全规则，并

符合欧盟的基本要求；

⑦企业须持塞尔维亚工程商会建筑行业协会的推荐信和该会颁发的“施工企业登记证明”申办设计和施工许可。

3. **建设许可证**

企业申办承包工程项目设计许可和施工许可需提供的材料包括：

①企业基本情况资料；

②企业在塞尔维亚注册行政批文（须公证）、法院和工商注册登记证明；

③企业主要领导和主要工程技术人员名单、人员业绩和简历，附主要设计师和主要工程师的执业资格许可、企业工程施工许可；

④施工单位与职工的劳动关系证明；

⑤企业专业人员执业资格证明，包括：注册设计师、注册工程师、注册建造师、注册结构工程师、注册土木工程师及注册监理工程师等执业资格证书；

⑥已完成的工程项目证明；

⑦企业从业资质证书。

点评：

在塞尔维亚的项目设计文件可由任何技术合格的机构完成。中国的设计院在满足塞尔维亚《规划与建设法》某些条件的基础上可以获得设计许可证，然后准备项目文件。但是这些设计文件必须经过塞尔维亚许可机构或公司的认证转化，并符合塞相关法律和技术规范。

（五）项目用地

在塞尔维亚，投资者可通过三种投资方式获得土地，第一种是租赁建设土地，塞尔维亚国有土地的租赁使用期限可长达 99 年。第二种方式是通过买卖或租赁建筑物（包括在建的建筑物）获取建筑物所占用地的使用权，土地的使用权与建筑物的所有权或租赁权期限相同。第三种方式为转换获得，可将农业用地转为建设用地。对于私有农业用地，可依法申请将其转换为建设用地，并可遵照城建规划的相关规定申请办理建设许可。

（六）建设许可

建设许可制度是土地开发和管理制度的重要内容，是开展土地利用活动的前提条件。任何有意进行建设活动的人须满足两个条件方可获得建设许可证：一是取得拟建设的土地的相关权利，二是持有开展建设活动并载明建设要素的建设规划许可。

在满足区位条件书和设计文件的要求后，投资者可以进一步申领建设许可证。建设许可证在一定条件下可以转让，如有投资者收购正在建设的建筑物，该投资者可以通过受让成为建设许可证的新被许可人。依据《规划与建设法》的规定，建设许可须在提交完整请求之日起 5 天内颁发。许可证的初始有效期为 2 年，如投资者未在该期限内进行建造活动，建设许可证将自动失效；如投资者在初始期限内进行了建造活动，则建设许可证在 5 年内有效，投资者应在 5 年内取得进一步的建筑物利用许可证，否则建设许可证也将失效。

投资者获取建设许可证，通常须向当地行政机关支付一定的建设费，建设费等于拟建造建筑的表面积乘以当地行政机关发布的指数。该指数取决于土地区位以及建筑用途，比如商用、住宅用、生产用等。如在贝尔格莱德建造生产用的建筑无须支付建设费，即指数为零，而在贝尔格莱德中心区域建造商用建筑则须按每平方米大约 220 欧元的价格支付建设费。投资者可根据需求拆除现有建筑以建造新建筑，但须按照现有建筑和拟建建筑的面积差额支付建设费用。

点评：

虽然近年来塞尔维亚在发放建设许可证方面取得了重大进展，但投资者在项目的实际操作方面仍然存在困难。获取许可证的程序复杂，且需要诸多文件。建设许可证由地方政府、自治区政府或塞尔维亚建设、运输与基础设施中央主管部门依据设施的面积和类型决定。主管机构可行使一定的自由裁量权，这给参与该项目的投资者增加了不确定的风险。例如《规划与建设法》规定塞尔维亚政府有权依法自由裁量确定不同的建设用地许可费用，以便推进有助于当地经济发展的重要项目。依照塞尔维亚法律的规定，国有土地中建设用地的转让可以低于市场价格，也可以不按照塞尔维亚规定的合同义务进行补偿。此外，在塞尔维亚建设项目实施过程中，国有建设用地亦可以低于市场价格或没有任何补偿的价格被转让或出租。

建议投资者在通过转让获得土地权利后，及时到相关部门申请登记，积极推进建设许可申请，并及时申请所有权登记和缴纳税费，避免因材料准备不足造成的申请期限过长、未能及时履行相关税费缴纳义务带来的损失。

（七）工程技术标准

目前塞尔维亚的技术法规主要从欧盟法规以及其他国际法规中转换而来，与欧盟趋同。根据塞尔维亚有关技术法规，在塞尔维亚开展工程所需产品一般需要满足欧标等国际标准，并且需要获得 AAA 标志认证。产品被加贴 AAA 标志，才能够证明其设计与制造满足了塞尔维亚技术法规中的安全、健康及其他要求。AAA 标志是确认产品符合塞尔维亚技术法规要求的唯一标志。塞尔维亚已完全转换欧盟关于压力设备、家用电器、小家电、玩具、建筑产品、机械和升降机等产品的法规和标准，并将其应用于塞尔维亚立法。这意味着相关产品必须符合法规要求并获得塞尔维亚合格标志的认证。

部分通用国际标准如表 5-5 所示。

表 5-5　部分通用国际标准列表

缩　写	机构或组织名称	网　址
AASHTO	美国国家公路与运输协会标准	transportation. org
ACI	美国混凝土学会	concrete. org
AFNOR	法国标准化协会	afnor. org
AISC	美国钢结构学会	aisc. org
ANSI	美国国家标准学会	ansi. org
API	美国石油学会	api. org
ASA	美国标准协会	—
ASCE	美国土木工程师协会	asce. org
ASHRAE	美国采暖、制冷与空调工程师学会	ashrae. org
ASME	美国机械工程师协会	asme. org
ASTM	美国试验材料学会	astm. org
AWS	美国焊接学会	aws. org
AWWA	美国自来水厂协会	awwa. org
BS	英国标准	bsi. org. uk
BSCP	英国标准实施规程	—

续 表

缩　写	机构或组织名称	网　址
CEE	批准的电气设备国际委员会规则	—
DIN	德国标准化学会	din. de
EMAS	欧盟管理和审核法案	ec. europa. eu/environment/emas/index_en. htm
EN	欧洲标准	euronorm. de
IEC	国际电工技术委员会	iec. ch
IEE	英国电气工程师学会	—
IEEE	美国电气与电子工程师协会	ieee. org
ISO	国际标准化组织	iso. org
NEMA	国家电气制造业协会	nema. org
OSHA	美国劳工部职业安全与健康管理局	osha. gov
VDE	德国电气工程师协会	vde. de
VDI	德国工程师协会	vdi. de
UVV	德国事故预防条例	—
VDMA	德国机械设备制造业联合会	vdma. org
SIS	安全仪表系统	—

资料来源：境外投资企业提供。

近年来塞尔维亚也制定了本国标准立法，并提供相关领域标准清单，主要包括：

·《基于建筑产品管理法适用的协调标准制定的塞尔维亚标准清单》（RS 官方公报第 120/2021−34 号、第 139/2022−90 号）；

·《关于确定一般产品安全领域的塞尔维亚标准清单的规则手册》（RS 官方公报第 20/2021−161 号）；

·《个人防护装备领域的塞尔维亚标准清单》（RS 官方公报第 89/2022-115 号）；

·《电梯领域塞尔维亚标准清单》（RS 官方公报第 38/2021-26 号）；

·《用于潜在爆炸性环境的设备和保护系统领域的塞尔维亚标准清单》（RS 官方公报第 12/2022-166 号）；

·《机械领域塞尔维亚标准清单》（RS 官方公报第 22/2017-3 号）；

·《燃气器具领域塞尔维亚标准清单》（RS 官方公报第 65/2015-33 号）；

·《无线电设备和电信终端设备领域的塞尔维亚标准清单》（RS 官方公报第 76/2014-19 号）；

·《基准领域的塞尔维亚标准清单》（RS 官方公报第 57/2022-21 号）；

·《在特定电压限制范围内使用的电气设备领域塞尔维亚标准清单》（RS 官方公报第 37/2019-19 号）；

·《电磁兼容领域塞尔维亚标准清单》（RS 官方公报第 37/2019-12 号）；

·《医疗器械领域塞尔维亚标准清单》（RS 官方公报第 28/2019-114 号）。

塞尔维亚标准化协会（ISS）是塞尔维亚唯一的国家标准化机构，负责实施塞国内的标准化组织、协调与保障工作，并提供塞尔维亚、欧洲和国际标准的查询和购买。

[**案例** 5-2]

在塞尔维亚某个联合电站项目中，技术要求明确规定了全厂设计采用欧标等国际标准，以及塞尔维亚当地标准。中塞两国有不同的风险评估标准，如环境标准、设计指南、设备选型要求等，这些不同会造成调试、验收等过程中的一些问题。如对方合同要求性能试验考核按照欧标，而中方的试验单位在国内主要采取的是中国标准。再比如，项目要求所有设备都要满足欧洲标准及当地标准，项目的大部分设备由国内生产商生产，一般满足中国标准。欧标有更高的要求，很多设备需要重新设计、加工、测试，到现场后的调试存在很大风险。

（八）建设设备及材料的采购运输

国际项目的物资管理包括采购、集港发运（报关）、国际物流及项目所在国清关、内陆运输、现场储管等一系列事务，是工程管理的重要组成部分，与工程项目建设全过程有着密切的联系。根据国内外工程项目合同价款构成，设备、材料在总合同价款中所占比例一般都将达到50%~60%，国际项目施工物资种类繁多、质量标准规范复杂，对成本和到场时间要求严格，且由于工程周期长、运输路途远，更见其物资管控的重要性。

1. 建设设备及材料采购

工程中的采购策划是整个项目的关键环节，构成项目执行的物质基础和关键。规范的项目采购要兼顾经济性和有效性，从而达到有效降低项目成本、促进项目顺利实施和按期完成的目的。

采购工作要与设计紧密结合，确保选购产品的制造标准、材料标准符合设计要求，采购部门根据初步设计出具的图纸和技术资料等，可先咨询各类供应商、厂商，在满足物资技术质量安全可靠的同时，从经济角度对其进行优选，尤其是涉及定制的机械设备、电仪控制成套设备等，在其功能实现、品牌以及材料的选用上，提出合理化的建议，并将性价比高的物资的技术和验收等条件反馈给设计人员，进行深度融合，达到降本增效的目的。

国际工程中供货商的选择一般有以下几种方式：

一是框架采购协议。选择与长期供应商在财务年度初期签订框架采购协议，对本年度采购物资或服务进行打包管理。

二是招标方式。国际采购优先采用网络邀请招标方式，主要选择符合工程项目要求及业主品牌档次要求的供货厂商，综合考虑技术水平和价格因素，选择合适的供应商。

三是属地化采购。在项目国及其周边市场，通过实地勘察调研，确定符合项目供货要求的合格供应商。

四是竞争性谈判。直接邀请一家以上供应商就采购事宜进行谈判。

塞尔维亚设备物资采购中常用大宗材料如钢材、商砼、柴油、砂石料等有充足的供应源，但价格较国内偏高，且垄断严重。当地工业生产水平不高，大部分特殊工业制品只能依靠第三国进口，且当地产品需要与欧标比照适用，部分材料必须通过当地有资质的代理商进行采购。根据中国与塞尔维亚的贸易协定，项目所有用于施工的设备物资可免除关税。

点评：

一般设备或材料的采购标准在招标文件中会有具体的说明和要求，若合同对设备材料没有具体原产地要求，可以根据相关技术要求、关税、运输成本等不同情况综合考虑，选择在塞尔维亚当地采购或从国外进口。

2. 物流管理

在塞尔维亚的工程项目，一般设备和材料可以选择从中国采购，但必须满足项目文件中规定的技术要求。从中国采购的设备和材料运输到塞尔维亚可以在中国办理运输，运输方式也比较多，运输时长不等，海运散杂货约 70 天，海运集装箱约 50 天，中欧班列约 25 天。一般而言，针对重大件货物和钢结构采用散杂船运输方式，一些小型设备和精密仪器则采用集装箱运输方式进行装运。

塞尔维亚属于内陆国家，距离周边最近的里耶卡港口有 630 千米的距离。通过多瑙河，塞尔维亚斯梅代雷沃码头与罗马尼亚康斯坦察港口相连，可通过驳船进行运输。所以件杂货中转港口有两个选择：一是从里耶卡港口卸货，用卡车运输到塞尔维亚项目所在地；二是从康斯坦察港口卸货，用驳船转运到斯梅代雷沃码头，然后用卡车运输到塞尔维亚项目所在地。

集装箱货物中转港口有两个选择：一是从里耶卡港口卸货，用卡车/火车运输到塞尔维亚项目所在地；二是从比雷埃夫斯港口卸货，通过铁路转运到贝尔格莱德火车站，然后用卡车运输到塞尔维亚项目所在地。

在安排整体工程物流运输方案时，应先选择合适的中转港口和运输路线，才能为整个运输方案确定运输主线。中转港口的选择必须充分考虑运输方案实施是否可行，运输方案操作是否简便，运输成本是否最低，运输时间是否最短，等等。而在选择港口至项目现场的陆运方案时，则还应该考虑道路的限高、限重、交通法规、通行能力等情况。

点评：

工程承包企业可以选择有经验的物流代理商委托办理物流策划，相关货代企业名录可在中国国际海运网查询。

(九) 塞尔维亚工程成本

1. 水、电、气、油价格

塞尔维亚水供应充足，水、电、气价格在欧洲国家中相对较低。居民家庭消费水、电、气价格均较为便宜。家庭用电分为绿、蓝、红三个不同阶梯价格，高、低峰用电时间段也规定不同电价。家庭用气根据所在城市不同而有所差异。

2022 年 6 月，塞尔维亚电价为：家庭用电每千瓦·时 10.25 第纳尔（0.092 美元），工业用电每千瓦·时 11.04 第纳尔（0.099 美元）。

2022 年 6 月，塞尔维亚家庭天然气价格为每千瓦·时 3.65 第纳尔（0.033 美元/千瓦·时）。

2023 年 1 月，塞尔维亚家庭用水价格为 59.46 第纳尔/立方米（0.54 美元/立方米）。

2023 年 3 月初，塞尔维亚油气价格为：汽油 171 第纳尔/升（1.538 美元/升），柴油 194 第纳尔/升（1.744 美元/升），液化石油气 100.9 第纳尔/升（0.907 美元/升）。

2. 土地及房屋价格

（1）土地价格。

塞尔维亚农业用地价格受地域、气候、地形、配套设施等条件影响，销售价格变动较大。建筑土地价格因所处区域区别较大，需要根据具体情况询价议价。

（2）房屋价格。

贝尔格莱德房屋售价波动较小，住宅售价为每平方米 1300~5000 欧元，商业物业售价为每平方米 1500~8000 欧元。塞尔维亚平均建房成本为每平方米 200~400 欧元。

（3）房屋租金。

贝尔格莱德房屋租金波动较小，住宅租金为每平方米 5~15 欧元，商业物业租金为每平方米 5~20 欧元。

3. 建筑成本

近两年来，塞尔维亚建材价格大幅上涨。2022 年 11 月塞尔维亚部分建筑材料平均零售价格如表 5-6 所示。

表 5-6　2022 年 11 月塞尔维亚部分建筑材料平均零售价格

品名	计量单位	价格（第纳尔）
实心砖	块	31. 12
硅酸盐水泥	kg	18. 28
杉木板材	m^3	38537. 57
钢筋	kg	149. 76
钉子	kg	244. 28
窗户玻璃	m^2	1852. 16

资料来源：塞尔维亚国家统计局《2022 年 11 月统计公报》。

4. 劳动力成本

根据塞尔维亚国家统计局数据，2022 年 11 月的平均税前工资为 108001 第纳尔，扣除税款和缴款的平均税后工资为 78326 第纳尔。与上月相比，平均税前工资名义增长 3. 8%，实际增长 2. 8%；平均税后工资名义增长 3. 9%，实际增长 2. 9%。与 2021 年 11 月相比，平均工资名义增长 13. 3%，实际下降 1. 6%。在各行业中，工资水平最高的是信息通信业、金融保险业和采矿业等行业，工资水平最低的是住宿和餐饮业、艺术娱乐业和批发零售业等行业。

三、第三阶段：建设实施

（一）施工现场标牌外观、内容和位置的规定

基于《规划与建设法》，塞尔维亚建设、运输和基础设施部对施工现场设立标牌的外观、内容和安装位置进行了规定，该规定适用于新建建筑、现有建筑的重建和修复、现有建筑的拆除或部分拆除以及颁发建筑许可证后的前期准备工作。

1. 外观

标牌应为矩形，尺寸为200cm×300cm×20cm。该标牌由方箱型材和镀锌板制成，放置在具有适当承重能力的钢支架上，嵌入混凝土中，以确保不会掉落。

标牌正面部分为浅橙色，以保证可见度，背面和侧面以及支架部分均为灰色。

2. 内容

标牌内容应包括：

①建筑的名称、用途和面积；

②地籍地块的编号和建筑所在的地籍市政当局的名称；

③投资人的姓名、地址、电话、网址；

④设计负责人的姓名及许可证号；

⑤编制技术文件的法人或公司的名称、地址、电话、网址；

⑥承包商的名称、地址、电话、网址；

⑦工程负责人的姓名和许可证号；

⑧监理人员的姓名、许可证号，以及所属公司的名称、地址、电

话、网址；

⑨颁发施工许可证的决定编号和日期，以及颁发施工许可证决定的当局名称；

⑩工程申请的日期和编号，以及工程开工和建筑物竣工日期的具体数据；

⑪如果工程是在根据文化财产保护条例已被宣布为文化财产的建筑上进行的，还应设置特殊标志，指明该建筑为是文化财产。

如果在工程施工过程中，因工程变更而导致上述内容发生变化的，应及时进行更新。

3. 位置

标牌应放置在施工现场主入口右侧的水平面较长的竖直平面内，保证醒目且易于接近，并应在建筑物利用许可证颁发后拆除。

（二）劳动用工

塞尔维亚中资企业的用工模式主要包括以下三种。

1. 由中国母公司向塞尔维亚子公司外派员工

由中国母公司招聘员工，且与其签订劳动合同。员工被外派至塞尔维亚子公司工作以后，在塞当地提供劳动，接受塞子公司的管理，薪资由中国母公司或塞子公司发放。员工与中国母公司的劳动关系依然存续。

点评：

员工接受中国母公司的指派赴塞尔维亚子公司工作，仅仅是劳动关系中工作地点的变动，不影响劳动关系的存续。

对于对外承包工程项目的外派劳务，中国《对外承包工程项下外派劳务管理暂行办法》等法规作出了特别规定。根据相关规定，具有对外承包经营资格的企业向其在境外签约实施的承包工程项目派遣各类劳务人员，应当与外派人员签订劳动合同，所派各类劳务人员受雇于对外承包工程企业，而非外方雇主。这意味着对于对外承包工程项目的外派劳务，中国法律强制要求对外承包工程企业必须作为雇主与外派人员签订劳动合同，中国对外工程企业不能通过“劳务中介雇佣”“境外企业雇佣”等方式转嫁自身的雇主责任。

2. 通过符合资质的中国对外劳务合作企业向塞尔维亚企业输送员工

2012年8月1日施行的中国《对外劳务合作管理条例》规定：“国外的企业、机构或者个人不得在中国境内招收劳务人员赴国外工作。”塞尔维亚企业无权直接从中国境内招收劳务人员，并作为雇主与其签订劳动合同或劳务协议。对于有类似需求的塞企业，必须与符合资质的中国对外劳务合作企业签订劳务合作合同，并通过中国对外劳务合作企业向塞输送员工或劳务人员。

点评：

在塞尔维亚注册的企业在用工的过程中应当选择取得合法资质的机构作为对外劳务合作企业，签订劳务合作合同前应核实对外劳务合作企业的企业登记证书、对外劳务合作经营资格证书等证件，确认资质无误后才能与其签署劳务合作合同。根据中国《对外劳务合作管理条例》及《对外劳务合作经营资格管理办法》的规定，从事对外劳务合作的企业必须是在中国境内注册的企业，且须经商务部许可，依法取得对外劳务合作经营资格。

塞尔维亚企业与中国对外劳务合作企业之间的合作模式包括以下两种：

第一种是塞企业作为雇主。在该种模式下，中国对外劳务合作企业与在中国境内招收的劳务人员订立书面服务合同，塞企业作为雇主与劳务人员签订劳动合同。

第二种是中国对外劳务合作企业作为雇主。在该种模式下，中国对外劳务合作企业作为雇主先与劳务人员签订劳动合同，双方建立劳动关系，之后对外劳务合作企业再将员工派遣到境外项目工作。

根据中国《对外劳务合作管理条例》的规定，对于以上两种合作模式，塞企业均应按照规定与劳务服务合作公司签订书面劳务合作合同，且劳务合作合同应当至少载明以下事项：①劳务人员的工作内容、工作地点、工作时间和休息休假；②合同期限；③劳务人员的劳动报酬及其支付方式；④劳务人员社会保险费的缴纳；⑤劳务人员的劳动条件、劳动保护、职业培训和职业危害防护；⑥劳务人员的福利待遇和生活条件；⑦劳务人员在国外居留、工作许可等手续的办理；⑧劳务人员人身意外伤害保险的购买；⑨因国外雇主原因解除与劳务人员的合同对劳务人员的经济补偿；⑩发生突发事件对劳务人员的协助、救助和违约责任。

以上规定既保护了劳务人员的合法权益，同时也促进了外国雇主与对外劳务合作企业之间明确各自的责任与义务。

3. 在塞尔维亚当地招聘员工

在塞中资企业可以充分利用当地的劳务资源，招聘当地员工或劳务人员。在此种用工模式下，中资企业在招聘、用工管理及解除劳动或劳务合同的过程中均应严格遵守塞当地的法律规定，企业与劳务人员之间的权利义务和争议解决应当适用当地的法律法规。

（三）职业健康与安全

根据塞尔维亚法律，工程参与者有义务采取措施对施工现场、工人、设备和机器进行保护，否则可能会受到相关处罚。

塞尔维亚《规划与建设法》明确规定了责任承包商的义务：

①提供安全和健康工作的预防措施；

②组织施工现场，确保施工过程中的交通顺畅和环境保护；

③确保设施、施工现场人员和周围环境（邻近设施和道路）的安全；

④在工程中断的情况下对设施和环境进行保护。

法律明确规定上述义务为责任承包商的义务，不得转移给参与施工的第三方，比如业主、设计方或监理方。

塞尔维亚的职业健康和安全主要受《工作安全和健康法》的监管，对于特定工作领域的工作风险以及必须采取的保护措施在《雇主风险评估法》中进行了规定。

雇主在保障员工生命和健康方面的一般职责包括：

①在工作场所和环境中实施安全和健康措施。

②提供保护员工生命和健康的预防措施，并提供必要的财政资源。

③书面任命负责工作安全和健康的专业人员，该人员应通过专业考试，并对以下工作负责，包括：进行风险评估程序；在规划、选择、使用和维护工作工具、危险物质以及工作中个人保护的工具和设备方面进行控制并向雇主提供建议；参与装备和布置工作场所，以确保安全和健康的工作条件；组织工作环境条件、工作设备的预防性和定期检查；提出改善工作条件的措施，特别是在风险增加的工作场所；每日监察及控制安全和健康措施的应用；监测与工伤和职业病相关的情况，参与确定其原因并编写报告，提出消除这些疾病的措施；准备和进行员工安全和健康工作培训；准备安全工作说明并控制其应用；在工作安全和健康领域的所有问题上与职业医学服务部门进行合作和协调；保存工作安全和健康方面的记录。

④告知员工新技术和工作方式可能带来的伤害和健康损害风险，并提供有关安全工作的适当说明。

⑤对员工进行安全和健康工作培训。

⑥保证员工能够使用规定的个人保护工具和设备，并保证这些工具和设备保持良好状态。

⑦聘请有资质的法人实体对工作设备和工作环境条件进行预防性和定期检查。

⑧依法为员工提供体检。

⑨确保提供急救设备，并配备人员负责在紧急情况下进行急救、救援和疏散。

⑩停止对员工的生命或健康构成直接危险的任何工作。

⑪提供消防、救援和疏散措施。

对于工程承包商而言，则还须准备一份关于建筑工地布置的研究报告，并连同开工报告一起提交给主管的劳动监察部门。该报告应包括施工现场方案、工程描述以及工作安全和健康措施，并在施工现场伤害和健康损害风险评估的基础上，详细阐述相关的预防、消除或减少风险的措施。

此外，根据《临时或移动建筑工地工作安全和健康条例》，承包商有义务在工地开工前提供工作安全和健康预防措施计划，该计划应包括以下内容：

①施工现场方案。

②工程实施的组织和技术描述。

③各个工程实施的阶段和进度计划，以及工程实施各方的协调安排。

④与建筑工地附近的工业活动相关的安全和健康工作的具体措施。

⑤存在特定伤害风险的工作的具体工作安全和健康措施，以及可能对员工健康造成的损害。

如果有影响施工现场工作安全和健康措施应用的变更，承包商有义务在不迟于开工前 5 日对计划进行变更和修订。

承包商有义务在施工现场实施工作安全和健康预防措施，特别是与以下相关的措施：

①保持施工现场的清洁卫生。

②选择工作地点并通过为员工和工作设备指定交通区域、通道等来确保这些工作场所的可用性。

③确定处理各种材料的条件。

④保证工作和安装设备处于良好状态，并进行预防性和定期检查测试。

⑤规划和确定各种材料，特别是危险材料的存储区域。

⑥确定使用过的有害物质的处置条件。

⑦确定废物和瓦砾的储存和处置。

⑧施工现场附近的工业活动。

当有两个或以上分包商在现场开展工作时，承包商应指定一名或多名协调员统筹现场安全和健康工作。

（四）环境保护要求

1. 塞尔维亚环保相关要求

塞尔维亚政府对于环保问题十分重视，建设企业在塞施工前应进行相应的环境评估并获得施工许可。施工期间，建设单位须注意对项目所在地的环境进行保护和污染源控制，尤其应注意有害气体、污水的排放以及噪声污染，如因施工导致环境污染或影响到附近居民的正常生活，应及时跟当地环保部门和居民进行沟通，避免居民投诉和环保部门的处罚。

同时，塞尔维亚对于建筑设备和材料的使用也有相应的环保要求。目前，塞尔维亚建筑材料的环保标准基本向欧标看齐，建筑企业所使用的塞尔维亚建筑材料，须符合当地环保标准，如果是进口材料，则需要完成相应的 CE 认证以及其他必要的认证，否则无法在当地使用。因施工需要进口大型机械设备的，务必确保相应设备符合当地的污染排放标准，否则无法取得进口许可。

[**案例** 5-3]

某钢铁集团在接管塞尔维亚钢厂以来，开展了一系列能源和环境保护综合改造工程，投入大量资金完善、恢复、提升、改造环保系统，以推进节能减排、绿色制造和智能化发展。拆除了部分老旧建筑及设备，引进吸收中国及全球先进的新工艺和新技术，在节能环保、绿色制造上全面升级，达到欧洲领先水平。

2. 我国商务部和环保部对境外投资合作有关环保的指引

目前，规范我国海外投资环境保护的主要政策是由生态环境部和商务部在 2022 年 1 月联合发布的指导性文件《对外投资合作建设项目生态环境保护指南》。该文件对原有《对外投资合作环境保护指南》进行修订，旨在进一步做好对外投资建设项目生态环境保护工作，高质量推动对外投资项目建设。

《对外投资合作建设项目生态环境保护指南》（简称《指南》）在以下几方面进一步优化对外投资合作建设项目环境管理：一是进一步明确适用范围。《指南》适用于中国企业在境外开展投资建设的新建（含改建、扩建）类项目、收购并购类项目以及承包工程项目。上述类型的项目在开展生态环境管理工作时，均可参考《指南》。二是进一步丰富内涵。《指南》针对污染防治、应对气候变化、生态系统和生物多样性保护等多个领域提出对外投资合作建设项目工作指引。三是理顺项目全生命周期管理流程。根据项目投资建设前、施工期、运营期、关闭退出等主要环节，《指南》调整并补充完善了相关规定。四是进一步提高境外项目环境管理水平。《指南》鼓励项目采用国际通行标准或中国更严标准开展生态环境保护相关工作，并对企业提出完善内部环境管理体系、鼓励开展清洁生产、加强信息发布等要求，强调企业环境管理主体责任。

四、第四阶段：竣工验收

竣工验收是在分项、分部和单位工程验收完成的基础上进行的，是全面考核项目建设工作、检查是否符合设计及合同要求的必要环节。

（一）竣工验收条件

塞尔维亚工程建设的竣工验收条件应满足《土木工业最终工程设计和施工技术标准》。建筑物（建筑物上）各个单元的最终工程的设计和执行必须确保：功能、持久性、稳定性、安全、精度、耐久性、美观的外表、合理性和经济性、卫生技术条件、质量。

（二）强制检验

建筑工程完工后，投资者必须自担成本聘请有资质的单位进行技术检验。技术检验的目的在于检测建筑工程是否完全按照建设许可的要求进行，是否符合技术文件和相关技术标准的规定。如技术检验不合格，将直接影响建筑的使用。检验单位可以是具备相应资质并办理了登记手续的委员会、公司或其他公共机构，如对建筑物的消防设施进行检验，检验单位还需要至少有一名具备消防专业资质的成员。

如建筑物具备必要条件，可申请不长于一年的试用期，试用期主要用于两种情形：①就相关安装、设备、植被、目标建筑物的稳定性或安全性、环保绿化设施、消防设施以及对其他为了确定物体是否可使用等事项的初步检验而言，这种试用期是必须的；②技术文件规定了试用期。

（三）利用许可

使用相关建筑须获得利用许可（又译为占用许可），利用许可由国家机关针对已取得建设许可的土地持有人颁发。利用许可是建设工程的最后环节，投资者在收到载有使用许可推荐信息的技术检验报告后，将被授予利用许可。通常而言，利用许可既可对整栋建筑物颁发，也可就建筑物的可分割部分单独颁发，但特别法另有规定的除外。

利用许可的意义在于证明建设工程已经依照建设许可、技术标准和技术文件的内容完工；证明新建造的建筑物合格并可投入使用；证明投资者可作为该新建筑物在地籍处登记的合格所有权人。原则上，投资者必须取得利用许可方可将建筑物投入使用，但在法律规定的特殊情形下，如若投资者在递交利用许可申请之日起的 5 天内未获得许可，则该建筑物无须获得利用许可亦可使用。

（四）项目结算

最终的项目结算在完成工程移交后进行，并在移交之日起 60 日内结束。最终结算包括根据合同执行的所有工程，以及承包商有义务或授权执行的额外和后续工程，无论这些工程是否属于临时情况。企业需要关注的事项包括：

①已完成工程按约定价格计算的价值；

②差价金额；

③视情况支付的金额；

④根据结算中无可争议的部分，承包商应收到或返还的最终金额；

⑤业主为整改缺陷而保留的价格金额；

⑥承包商是否在约定的期限内完成了工作，如果没有，超期多久；

⑦关于哪个承包商以什么基础和金额要求支付合同违约金和损害赔偿的信息，以及他们有争议和无争议的金额；

⑧已完成工程的总价款；

⑨其他未经承包方授权代表同意的事实资料。

如果业主无正当理由拒绝参与最终结算或延迟参与结算，承包商可以自行计算并通知业主。业主也同样享有该权利。

五、第五阶段：投产运营

（一）项目运营

目前，在建设期，很多工程的运行管理方不参与或较少参与工程建设的实施过程，只在工程完工后由建设方整体移交管理方，导致“建”“管”分离，从而造成工程接管后设备投运初期工程设备设施的使用条件与用户要求存在差距，技术改造项目多、持续时间长、难度大，投入资金较多，影响设备运行可靠性和项目效益的发挥。

为避免以上不足，项目公司在建设过程中可委托运行维护承包商进入现场，参与包括合同执行、安装监理、现场调试、检验验收等在内的工程建设全过程的质量控制与管理，确保工程设备的移交平稳进行，并提前完成工程运行管理所需的技术转移，直至全部工程竣工移交投产。在建设阶段，运维人员应熟悉工程建设每一个阶段的任务和重点，尽早掌握工程技术信息，提前预判和分析。对于可能出现的问题，要在设计或施工准备阶段尽可能多地解决，使工程更符合安全运行的要求，最大限度地减少在运营期的改造活动，降低后期纠正成本。

此外，在运营阶段，还应完善操作规程，逐步建立运行管理制度、检修管理制度、安全管理制度、物资设备管理制度等各项制度规范，并严格执行。

（二）保修

根据塞尔维亚《特殊建筑规则》规定，工程的保修期定义为“从建筑物交付使用或部分交付使用开始，如果建筑物或部分建筑物在移交之前已投入使用，则从使用之时开始”。已完成工程的质量保修期为两年，但合同或法规另有规定的除外。

承包商有义务自费消除在保修期内出现的所有缺陷，这些缺陷是由于承包商不遵守其关于工程和材料质量的义务而发生的。业主可为承包商设定适当的期限以整改缺陷。业主也有权根据相关要求赔偿损失。

如果承包商没有在委托人规定的期限内消除缺陷，委托人可以自行消除缺陷，费用由承包商承担。

承包商没有义务消除由于不专业的处理和使用而产生的缺陷，即对设施或设施部分的不当使用。

点评：

承包商应组织有关项目人员及分包商负责保修工作，必要时，应对保修人员进行有关培训。保修人员应对工程的结构性能、使用功能、设备运转等方面进行认真检查，虚心听取业主的意见。

对业主提出的修缮问题要详细地检查并记录，与业主共同分析、查找原因，提出并实施处理方案。保修工作完成后，首先由项目经理指派的人员进行检验，检验合格后方可通知业主验收。当未能通过业主验收时，应重新进行保修工作，直至完全符合规定要求并通过业主验收。

项目保修团队要负责接待业主投诉，并将业主提出的意见和要求记录在投诉记录中。同时项目部要召集各部门对业主投诉进行分析，查明原因并确定处理方案，必要时，由项目经理牵头对投诉进行处理。保修团队应根据业主投诉中发现的质量通病和特殊工程质量问题等有关信息，查找不合格原因并制定相应的纠正和预防措施。

（三）项目后评价

项目后评价阶段是指工程项目竣工投产、生产运营一段时间后，对项目进行系统评价的一种技术经济活动。项目后评价内容主要包括：

第一，影响评价。对项目投产后各方面的影响进行评价。

第二，经济效益评价。对项目投资、国民经济效益、财务效益、技术进步和规模效益、可行性研究深度等方面进行评价。

第三，过程评价。对项目的立项决策、设计施工、竣工投产、生产运营等全过程进行评价。

国内项目后评价一般按三个层次组织实施，即项目法人的自我评价、项目所在行业评价和各级发展计划部门（或主要投资方）的评价。

企业在塞尔维亚投资项目首先应进行项目法人的自我评价，组织项目相关部门编写项目总结，从项目的前期准备到竣工验收，全面系统地总结各个阶段的实施过程，查找问题，分析原因；其次对项目的工程技术效果、财务效益、经济效益、环境影响、社会影响等方面进行分析评价，对照项目可行性研究评估结论和主要指标找出变化与区别；最后对项目目标的实现程度及适应性、项目的持续发展能力及问题进行分析评估，得出项目后评估结论，总结经验教训，提出对策。

点评：

工程完成后，即合同终止时，承包商有义务将其工人撤离施工现场，同时选择少数技术好、责任心强的管理人员和工人留守现场，拆除剩余的材料、设备和工作设施，以及其建造的临时建筑物，并清理建筑物和施工现场，将施工废料运往指定地方，未使用完的设备、机具和材料可选择就地处置或发往国内。同时，要协助业主做好完工后的竣工备案和政府开具的利用许可，保证工程能够投入正常使用。针对即将开始的工程质保工作，中资企业要承担相应的责任，树立中国企业的形象，做好相关策划，包括维保人员、技术、材料和施工的组织，确保质保期内的各项工作能够正常开展，给业主留下好的印象，确保合同质保金的回收，也能为后续的合作提供良好契机。

六、在塞尔维亚开展工程的其他注意事项

（一）处理好与政府和议会的关系

中国企业要在塞尔维亚开拓市场，有所作为，不仅要与塞尔维亚中央政府主管部门和地方政府建立良好关系，还要积极发展与议会的关系。

中国企业要关心塞尔维亚政府的换届和议会选举，尤其是要关心地方议会的选举情况，关心当地政府的最新经济政策走向；了解中央政府部门和地方政府的相关职责，了解议会专业委员会的职责和他们关注的焦点、热点问题；对塞尔维亚议会所关心的焦点和热点问题予以关注，对于与中资企业经营有关的重要议题，企业可旁听会议辩论。

企业还应与所在辖区议员尤其是对经济、生产和就业事务有影响力的议员保持沟通，报告公司发展动态和对当地经济社会所作贡献，反映企业发展中遇到的问题和困难。对企业可能在当地产生重大影响的事务，要听取议员的意见，取得议员的支持。

（二）妥善处理与工会的关系

中国企业要想在塞尔维亚生存发展，就必须重视并学会妥善处理与工会的关系。

企业要全面了解塞尔维亚的劳动法和工会法，熟悉当地工会组织、规章制度和运行模式，了解当地工商会情况，并严格遵守塞尔维亚关于劳动和社会保障方面的法律法规，对员工进行必要的技能培训。

企业要认真关注当地工会组织的发展情况，掌握工会活动的特点，积极参加当地的企业家协会和行业协会，了解业内惯例，遇到问题时可通过企业协会和行业协会谈判解决。日常生产和经营中要与工会组织保持必要的沟通，了解员工的思想动态，发现问题及时解决，建立和谐的企业文化和经营氛围。

[**案例** 5-4]

某在塞投资中资企业高度重视与塞方各个工会组织的沟通，积极维护劳资关系，关注员工福利。该企业严格遵守塞尔维亚劳动法，制定合理的规章制度，与塞方工会组织沟通，及时了解员工的思想动态，大大提高员工的积极性和工作效率。特别是给退休员工送圣诞节物资等特色福利，增加了职工的归属感。

（三）密切与当地居民的关系

中国企业要尊重当地文化习俗和文化禁忌，处理好与当地居民的关系，与当地居民和谐相处。

1. 了解当地文化

要了解当地文化，尽力学习当地语言，了解当地的文化禁忌和文化敏感问题。

2. 实现人才本土化

可以聘请当地人员参与企业管理，进行职业培训，增加当地就业，促进中国企业发展，并借助他们向当地居民传播中国文化。

3. 设立企业开放日

在中国传统节日向当地居民开放企业，邀请居民到企业参观，向当地人展示中国企业的设施和工作环境，使当地居民更好地了解中国企业的意图和中国文化，建立与当地居民更加积极和谐的关系，进一步促进中塞人民的友谊。

4. 参与社区活动

把企业当作社区的一员，投入一定的人力和资源关注当地民众关心的热点问题，参与社区公共事业活动，拉近与当地居民的距离。

5. 服务当地社会

中国企业在有条件的情况下应积极参与当地的社会公益活动，包括募捐、慈善事业、公共设施援建等。

[**案例** 5-5]

某中资企业在塞投资期间积极融入当地经济社会发展。为当地修建道路、实现村庄供水、慰问军烈属家庭儿童、捐资助学等，与当地政府、企业、社区建立充分的信任，展现了中国企业的良好形象。

（四）尊重当地风俗习惯

中国是礼仪之邦，中国人在塞尔维亚工作和生活还应尊重当地的文化，做一个懂礼仪的人。

1. 尊重当地宗教信仰

要时时处处注意了解和尊重东正教的信仰和习惯，不懂就问，不能将东正教与天主教混为一谈。

2. 尊重塞尔维亚人的民族自尊心

与塞尔维亚人交谈，要了解塞尔维亚的英雄及其对世界文明的贡献，不要谈及令其屈辱的历史。

3. 尊重当地的风俗习惯

不可在公众场合大声喧哗、随便吸烟。塞尔维亚人热情好客，在请客吃饭开始时习惯主动请客人先饮一杯当地烈性果酒，碰杯时双方应目光对视，不要左顾右盼或与他人交谈。客人最好入乡随俗，满足主人盛情，如确不能饮酒，可诚恳说明。

（五）承担必要的社会责任

中国企业在塞尔维亚开展投资合作，不仅要努力发展业务，还要承担必要的社会责任，积极开展或参与当地的公益活动，帮助当地的弱势群体。

1. 关注热点

要关注业务发展带来的资源、环保、劳工、安全以及社会治安等问题，以免引起当地居民的反感和抵制。其中劳工问题不仅涉及工薪待遇，还包括工作环境、加班时限等；环境问题包括工业生产造成的环境问题，也包括开发资源引起的生态问题。

2. 远离贿赂

腐败和商业贿赂在塞尔维亚不仅会受到法律制裁，严重的还会影响企业的信誉和公众的形象。

3. 安全生产

要增强安全生产意识，强化基础管理，尤其是在矿山、建筑、危险化学品等高危行业的中资企业，一定要做好防范，避免安全生产事故的发生。

4. 社会公德

中国企业和工作人员，要知法守法，入乡随俗，不做违反当地法律和社会公德的事情，对民族形象、企业声誉与品牌建设负责，对中塞两国长期友好关系负责。

5. 造福当地

积极履行社会责任，造福当地社区。可适当开展支持当地公共设施建设，尽力帮助当地解决就业问题，帮助当地服务商和供应商提升发展水平等有利于当地社会发展的工作。

（六）懂得与媒体打交道

媒体作为现代生活中一种独特的公共资源，有着巨大的社会影响力。媒体不仅广泛传播知识和信息，具有教育功能，而且媒体舆论还成为公众对现实作出反应和抉择的主要依据，影响公共决策，发挥正、负两个方面的作用。中国企业在塞尔维亚应该懂得如何与媒体打交道。

1. 信息披露

企业应该建立正常的信息披露制度，可设新闻发言人，或与媒体形成定期沟通机制，定期向媒体发布相关信息。

2. **重视宣传**

企业在重大并购、涉及社会敏感问题时，特别是遭遇不公正的舆论时，应注重宣传引导，做好预案，通过媒体与大众交流。必要时可通过公关公司向媒体散发主导性消息，引导当地媒体对企业进行客观公正的宣传。

3. **媒体开放**

企业可定期向媒体开放，欢迎媒体到企业参观采访，了解企业的真实发展情况，对企业进行宣传和监督。

4. **尊重信任**

为提高中国企业的公众形象，企业不要拒绝媒体，更不能对记者无礼，而是要平等、信任、尊重、真诚、坦荡地面对媒体，与媒体形成互动、和谐的关系。

5. **积极维权**

在遇到媒体失实报道、政府部门违规处理、不良媒体寻衅敲诈时，要善于保留证据，敢于利用法律手段维护自身权益。

（七）学会和执法人员打交道

警察、工商、税务、海关及其他执法部门是维护塞尔维亚社会秩序的国家行政力量，对辖区内居民和外国人查验身份证件、询问相关事项以及搜查某些地点，是执法者的职责。中资企业相关人员要学会与这些执法者打交道，积极配合他们执行公务。

1. **普法教育**

中资企业要建立健全依法经营的管理制度，聘请律师对员工进行普法教育，让员工了解在塞尔维亚工作生活必备的法律常识和应对措施，做到知法守法，合理应对。

2. 携带证件

中方人员出门要随身携带身份证件或者临时居住证明。营业执照、纳税清单等重要文件资料要妥善保管。

3. 配合检查

遇到执法人员检查身份证件，中方人员要礼貌地出示自己的证件，回答警察的问题；如果没有携带证件也不要惧怕，不要躲避，更不要逃跑，而要说明身份，或者写出联系电话，让公司派人联络。

4. 合理要求

遇到执法人员搜查公司或住所，应请其出示证件和搜查证明，并请其与企业律师取得联系，同时报告中国驻塞尔维亚大使馆。遇有证件或财物被执法人员没收的情况发生，应要求执法人员保护中资企业的商业秘密；出具没收证明或财物的清单作为证据，并记下执法人员的警号和车号；交罚款时应向警察索要罚款收据。

5. 理性应对

遇有执法人员对中方人员或企业不公正待遇，中资企业人员不要与执法者发生正面冲突，更不能触犯法律，而是要理性应对，做到有理、有利、有节，事后可通过律师进行处理，依法捍卫自己的合法权益。

（八）传播中国传统文化

中国传统文化博大精深，随着中塞交往日益密切，不少塞尔维亚民众和企业对中国文化更加了解，并抱有浓厚兴趣。中国企业在塞投资时宜将中国文化同“入乡随俗”有机结合起来，在投资合作、融入社区的过程中，主动介绍中塞文化差异，以便塞方更好地了解中国企业的投资理念和目的。还可结合中国传统佳节，以合适的方式与当地员工甚至社区共同庆祝，增进彼此了解和感情，营造有利于企业发展的外部环境。

[**案例** 5-6]

卡尔洛乌茨中学是塞尔维亚历史最悠久和最负盛名的中学，以多国语言教育为特色，也是在塞尔维亚推广中国文化的一个重要基地，中文教育成为该校一大特色。某中资企业向卡尔洛乌茨中学在汉语比赛中获奖的学生捐赠奖学金和前往中国学习的机票。

Chapter 6
第六章

塞尔维亚投资风险和机会分析

一、塞尔维亚整体营商环境

（一）整体营商环境分析

1. 各方评价

根据世界银行发布的《2020 年营商环境报告》，塞尔维亚在 190 个国家和地区中排名第 44 位。各细项排名分别为：开办企业（73）、办理施工许可证（9）、获得电力（94）、登记财产便利性（58）、获得信贷难易度（67）、保障少数投资者（37）、纳税（85）、跨境贸易（23）、执行合同（65）、办理破产（41）。

根据世界经济论坛《2019 年全球竞争力报告》对 12 个领域 98 项指标的综合评估，塞尔维亚在 141 个经济体中排名第 72 位。各细项排名分别为：机构设立（75）、基础设施（51）、信息通信技术应用（77）、宏观经济稳定性（64）、健康水平（76）、人力资本技术水平（55）、产品市场（73）、劳动力市场（54）、财政体系（82）、市场规模（74）、商业活力（54）、创新能力（59）。

世界知识产权组织发布的《2022 年全球创新指数报告》显示，塞尔维亚在 132 个国家和地区中排第 55 位，在欧洲的 39 个国家和地区中排第 32 位，在 36 个中上收入国家和地区中排第 10 位。

2. 营商环境优化举措

近年来，塞尔维亚致力于维护政治经济稳定，加强区域合作和基础设施建设，推进投资及教育改革，制定投资优惠与激励政策，不断优化营商环境。塞政府在优化营商环境方面采取的一些举措包括：

第一，增加电力供应。重新设计变电站，安装远程控制系统，维护电网，提高电力供应的可靠性等。

第二，保护中小投资者权益。公司要进行外部审计，及时披露关联方交易，明确其所有权和控制结构等。

第三，推进纳税方式便利化。进行税务改革，引入电子化税务系统等。

第四，提高破产办理透明度。要求债权人任命破产代表，使债权人有权了解债务人财务状况等。

第五，加快建筑许可办理效率。开通线上平台，降低行政费用，简化办理流程等。

此外，塞尔维亚政府也将改善营商环境、促进投资作为2023—2025年经济改革的主要目标之一。

（二）经贸协定

塞尔维亚目前尚不是世界贸易组织成员，2004年12月启动加入世界贸易组织谈判。目前，塞尔维亚已与11个世贸组织成员及欧盟签署双边市场准入协议。塞尔维亚对外签署的区域自由贸易协定包括：《中欧自由贸易协议》、《塞尔维亚和欧盟关于稳定与联系协议》（包括“过渡性贸易协议”）、《塞尔维亚和俄白哈关税同盟自由贸易协议》、《塞尔维亚和土耳其自由贸易协议》、《塞尔维亚和欧洲贸易联盟自由贸易协议》和《塞尔维亚和欧亚经济联盟自由贸易协议》。此外，塞尔维亚还一直享有欧盟给予的优惠贸易安排和美国给予的最惠国待遇。通过执行区域和国家间的自由贸易协议，绝大多数原产于塞尔维亚的产品可以免关税、免配额自由进入上述地区和国家的市场。

2023年2月，塞内外贸易部部长表示，塞尔维亚已经开始与韩国就自由贸易协定进行谈判。此外，为吸引新的投资和开拓新的市场，塞尔维亚正在与阿联酋、埃及等多国就自贸协定进行谈判。

（三）外商投资情况

1. 贸易情况

（1）贸易规模。

塞尔维亚统计局数据显示，2022 年 1—12 月，塞尔维亚进出口总额 7.83 万亿第纳尔，约合 702.07 亿美元或 666.13 亿欧元，较上年同比增加 31.0%。其中，出口总额 3.24 万亿第纳尔，约合 290.58 亿美元或 276.05 亿欧元，同比增加 26.2%；进口总额 4.58 万亿第纳尔，约合 411.49 亿美元或 390.09 亿欧元，同比增加 34.7%；逆差 1.34 万亿第纳尔，约合 120.90 亿美元或 114.04 亿欧元，同比增加 61.0%。

从塞国内行政区划看，出口额占比依次为伏伊伏丁那大区（33.6%）、贝尔格莱德大区（23.3%）、舒马迪亚和西部大区（21.0%）以及塞南部和东部大区（19.9%），其余 2.1%的份额未标注特定大区；进口额占比依次为贝尔格莱德大区（42.0%）、伏伊伏丁那大区（33.8%）、舒马迪亚和西部大区（12.5%）以及塞南部和东部大区（8.0%），其余 3.7%的份额未标注特定大区。科索沃和梅托西亚大区数据未列入统计。

（2）主要贸易伙伴。

从地区看，欧盟是塞尔维亚 2022 年出口额最多的地区，占出口总额比例 64.1%，与 2021 年相比下降 0.3 个百分点；欧盟还是塞进口最多的地区，占进口总额比例 54.9%，低于 2021 年的 57.2%。

从国别看，塞尔维亚前 5 位出口目的地依次为德国（占比 13.7%）、波黑（占比 7.5%）、意大利（占比 7.2%）、匈牙利（占比 5.4%）和罗马尼亚（占比 4.4%）；前 5 位进口来源地分别为中国

（占比 12.1%）、德国（占比 11.4%）、俄罗斯（占比 7.5%）、意大利（占比 6.6%）和匈牙利（占比 5.5%）。

（3）贸易结构。

从商品结构看，塞尔维亚 2022 年出口额列前 5 位的商品种类依次是电动机械及设备（占比 11.4%）、金属矿石和矿渣（占比 6.9%）、发电机械设备（占比 5.0%）、钢和铁制品（占比 4.4%）、水果和蔬菜（占比 4.2%）；上述商品占出口总额 31.9%。进口额列前 5 位的商品种类依次是石油及其衍生物（占比 7.7%）、电动机械及设备（占比 6.1%）、天然气（占比 4.3%）、电力（占比 4.0%）、医疗和医药制品（占比 3.9%）；上述商品占进口总额 26.1%。此外，暂未分类商品进口额占进口总额的比例为 11.1%。

2. 吸收外资情况

自 2016 年以来，塞尔维亚外国直接投资（FDI）流入量持续增长，而后该趋势受新冠疫情影响在 2020 年放缓。但在 2021 年，塞 FDI 总额创下了 39 亿欧元的纪录，近 3 年累计实现 FDI 流入约 113 亿欧元。此外，自 2015 年以来，FDI 净流入已完全弥补塞在国际收支中的当期逆差，有助于实现塞对外贸易支付的长期可持续性。

塞尔维亚国家银行数据显示，2022 年前三季度 FDI 流入共计 30 亿欧元，较 2021 年同期增长 13.6%，将实现新的历史好成绩。

2022 年前三季度，投资金额最大的领域为加工制造业，为 13 亿欧元。其中主要类别为：轮胎和塑料生产领域投资为 4.43 亿欧元，汽车生产投资为 3 亿欧元，基本金属投资为 1.23 亿欧元，食品加工业投资为 1.16 亿欧元。排名第二的为建筑业，FDI 流入共计 10 亿欧元，其中房地产涉及金额为 2.26 亿欧元。贸易投资总额以 3 亿欧元位居第三名。

从投资来源地来看，中国以 10.07 亿欧元居榜首，其次为欧盟（9.02 亿欧元），包括德国 2.48 亿欧元、塞浦路斯 1.87 亿欧元、斯洛文尼亚 1.67 亿欧元、奥地利 1.64 亿欧元等。其他主要欧洲投资国家还包括英国 2.6 亿欧元、瑞士 1.62 亿欧元和俄罗斯 5700 万欧元。日本和美国投资额分别为 2 亿欧元和 9520 万欧元。

（四）中塞经贸关系

1. 双边贸易

中塞友谊源远流长。近年来，随着“一带一路”倡议的不断推进和深化，两国经贸合作日益密切，双边贸易投资快速增长。

塞尔维亚统计局数据显示，2022 年 1—12 月，中国和塞尔维亚进出口总额 6856 亿第纳尔，约合 60.49 亿美元或 58.37 亿欧元，较上年同比增加 35.0%；中国是塞尔维亚第二大贸易伙伴。其中，塞对华出口 1293 亿第纳尔，约合 11.67 亿美元或 11.01 亿欧元，同比增加 37.6%，居塞尔维亚出口市场第 9 位。塞自华进口 5563 亿第纳尔，约合 49.82 亿美元或 47.36 亿欧元，同比增加 34.4%，中国首次超过德国成为塞尔维亚第一大进口来源国。塞尔维亚对华贸易逆差 4270 亿第纳尔，约合 38.16 亿美元或 36.36 亿欧元，同比增加 33.4%。

从商品结构看，出口额（以美元计，下同）列前 5 位的商品种类依次是金属矿石和矿渣（占比 78.31%）、有色金属（占比 11.41%）、软木和木制品（占比 3.38%）、发电机械设备（占比 1.7%）、通用机械和配件（占比 1.2%），上述商品占出口总额的 96%。进口额列前 5 位的商品种类依次是电动机械及设备（占比 11.57%）、通信和录音设备（占比 8.44%）、通用机械和配件（占比 8.37%）、发电机械设备（占比 5.04%）和其他金属制品（占比 4.54%），上述商品占进口总额的 37.96%。此外，暂未分类商品进口额占进口总额的比例为 17.16%。

2. **中国对塞投资**

近年来，中资企业对塞尔维亚投资意愿增强，主要投资基础设施建设、能源、矿业、制造业、电子信息业、农业和金融业等领域。据中国商务部统计数据，2021 年中国对塞尔维亚直接投资流量 2.06 亿美元（详见表 6-1）；截至 2021 年末，中国对塞尔维亚直接投资存量 4.82 亿美元。

表 6-1　2017—2021 年中国对塞尔维亚直接投资情况

（单位：万美元）

类别	2017 年	2018 年	2019 年	2020 年	2021 年
直接投资流量	7921	15341	3360	13931	20576
直接投资存量（截至年末）	17002	27141	16473	31057	48229

资料来源：中国商务部《2021 年度中国对外直接投资统计公报》。

中国在塞尔维亚主要投资项目包括：山东高速集团收购塞尔维亚一地产企业建设中国文化中心，江苏恒康家居科技股份有限公司与丹麦 Everrest APS 公司合资成立塞尔维亚艾瑞斯特制品有限公司，江苏嘉德纤维科技有限公司在丘普利亚市租赁厂房开设纤维产品生产厂，河北钢铁集团收购斯梅代雷沃钢厂全部资产，山东玲珑轮胎、星宇车灯、延锋汽车先后在塞尔维亚投资设厂等。

3. **塞中工业园区**

中国路桥工程有限责任公司（简称中国路桥）目前正与塞尔维亚政府商谈投资开发工业园区，在 2019 年 4 月第二届“一带一路”峰会期间与塞尔维亚科学、创新和技术发展部签署项目开发协议和 SPV

（特殊目的实体）项目公司章程，项目由塞尔维亚政府和中国路桥共同投资建设。项目分加工制造园、综合商贸城区、高新科技园三个子园区。项目开发内容包括综合商贸城、工业厂房、仓库、办公楼、服务配套设施（酒店、公寓、商业）等，当前正与塞方合作推进项目规划、建设、招商等工作。

4. 中塞经贸合作机制

（1）中塞经贸混委会。

1995 年，中塞经贸混委会成立并在北京召开第一次会议。中塞经贸混委会是两国政府在贸易、投资、承包劳务等领域交流信息、促进合作的重要渠道，双方可通过阶段性会议梳理总结中塞经贸合作成果，并对进一步发展双边经贸关系提出建议，以扩大双边贸易规模，开展投资和基础设施建设合作。

（2）中塞科技合作委员会。

2011 年 5 月，中塞科技合作委员会成立并在贝尔格莱德召开第一次会议。该委员会旨在根据中塞科技发展战略、基础研究和应用研究的现状，充分发挥其统筹引领作用，确定两国间科技合作项目，推动两国在农业、机械、材料、物理等领域不断加强交流合作、优势互补。

（3）中国–中东欧国家合作机制。

2012 年 4 月 26 日，首次中国–中东欧国家领导人会晤在波兰华沙举行，中国–中东欧国家合作正式启动。目前，成员国为中国和中东欧 17 国，包括：阿尔巴尼亚、波黑、保加利亚、克罗地亚、捷克、爱沙尼亚、希腊、匈牙利、拉脱维亚、立陶宛、黑山、北马其顿、波兰、罗马尼亚、塞尔维亚、斯洛伐克和斯洛文尼亚。各国通过合作机制下的领导人会晤、地方领导人会议积极开展经贸往来，不断加强基础设施联通、资源环境、融资渠道、地方发展和人文等领域的交流合作。

二、塞尔维亚投资风险分析

近年来，塞尔维亚在宏观经济改革、金融稳定、财政整顿以及改善营商环境等方面作出了较大努力，其所处的战略地理位置、低廉的劳动力成本、政府出台的多项投资激励措施以及其与主要市场（尤其是欧盟）的自由贸易安排都吸引了大量外国投资。但是投资者在进入塞尔维亚市场时仍可能面临官僚主义、政府腐败、司法低效等问题。总体而言，塞尔维亚的投资风险中等。

以下从政治风险、经济风险、法律风险、社会风险等方面对塞尔维亚投资风险进行分析。

（一）政治风险

所谓政治风险是指由于东道国国内政治、社会、法律等因素在国内或国际环境的影响下发生了难以预料的重大变动，从而导致投资国企业的利润或经营目标无法持续的可能性。对于该类风险一般的防范措施为：特许权协议必须得到东道国政府的正式批准，并对项目付款义务提供担保；向国家出口信用保险公司投保政治保险。

1. 政治稳定性风险

2022 年 4 月，塞尔维亚举行全国大选，总统武契奇成功连任，但其所属政党在议会选举中得票 42. 97%，未超半数，无法独立组阁。武契奇表示，将于 7 月底前完成新政府组建。2022 年 10 月 26 日，新政府宣誓就职，阿娜 · 布尔纳比奇（女）连任新政府总理。

当前，塞尔维亚政局总体稳定，总统武契奇及执政党塞尔维亚前进党的政治掌控力较强，依靠分而治之的策略来降低民众对反对派联盟“为塞尔维亚胜利而团结”的支持。反对派抵制情绪高涨但内部分裂，尚未形成决定性的变革力量。

2. 政府违约风险

政府违约主要是指东道国政府及其所属企业以各种借口拒绝完成与跨国公司及政府签订的合同。如果东道国政府及其所属企业拒绝履行之前签订的合同，那么投资者一般很难借助司法或仲裁机关的力量来达到规避或减少损失的目的。

塞尔维亚相对可靠的宏观经济政策框架、审慎的财政政策、稳定的国际收支前景以及较为充裕的外汇储备，在一定程度上保证了政府的支付能力，但是考虑到该国民众对政府当局的信心减弱，以及部分项目可能引发的公众抗议等，投资者仍应关注可能存在的违约风险。

[**案例** 6-1]

2021 年 9 月至 2022 年 2 月期间，贝尔格莱德和塞尔维亚的其他城市发生了一系列环境抗议活动，最多有数万人参加。抗议活动主要针对 Jadar 硼酸锂采矿项目（简称 Jadar 项目）以及 2021 年 11 月议会通过的征用法和公投法。

2004 年，跨国矿业公司 Rio Tinto 获准在塞贾达尔谷附近勘探矿山，2017 年，塞尔维亚政府签署协议，实施 Jadar 项目并发放了相关许可。该项目原定于 2023 年启动。

但 2022 年 4 月塞尔维亚全国大选之前的抗议活动最终使政府撤销了征用法并修改了公投法，Jadar 项目的空间规划和项目开发的现有许可证也在 2022 年 1 月被撤销。

3. 腐败风险

塞尔维亚政府存在腐败、官僚主义、执政效率低下等问题，监管方面也可能受到当地政治精英的影响。塞尔维亚在透明国际清廉指数中的全球排名从2021年的第96位下降至2022年的第101位。在塞尔维亚加入欧盟的过程中，欧盟委员会多次指出，塞尔维亚必须做更多的事情来打击腐败。对腐败指控的逮捕和调查通常集中在低层或中层政治人员身上，而与腐败相关的审判通常会被拖延并经过漫长的上诉程序。

中国投资者在塞尔维亚的投资涉及基础设施建设、能源、矿业、制造业等领域，这些领域的投资项目可能需要取得当地政府相关部门的许可，或直接与当地政府相关部门签订合同。而政府腐败和官僚主义可能会导致投资者在投资时需要贿赂政府工作人员才能签署合同、才能在相关投资项目招投标过程中获得中标的机会，甚至可能面临政府高层索贿。这直接增加了企业投资的运营成本。

政府官员长期以来的腐败和不作为也会削弱政府的可信度，政府执政水平低，无法提供好的服务，导致境外投资项目有时会遭到塞尔维亚国内民众的反对，给投资者带来诸多困扰和损失。

点评：

我国投资者在面临塞尔维亚政府官员索贿时，可以利用国际仲裁庭去抵制东道国政府官员的索贿行为。同时，在面临索贿时，也可以先向国内的刑事侦查部门或反腐败机构提出指控，这也可以为后续可能发生的纠纷冲突奠定有利基础。

4. 地缘政治风险

塞尔维亚地处中东欧连接区位，地缘上与欧盟和俄罗斯有天然合作优势，同时受美国势力影响，阿联酋、以色列等中东国家介入也较深。多方国际势力的角逐在一定程度上给中塞合作的未来带来不确定性。塞尔维亚在经历战乱和国际制裁之后逐步回归国际社会，与邻国关系得到修复，民主和法治建设有较大改善。但塞国内政治、经济仍处于恢复阶段，科索沃问题和经济结构调整尚未妥善解决，与周边地区的关系仍存在一定问题，战争风险依然存在。

5. **科索沃问题**

自 2008 年科索沃宣布独立后，塞尔维亚与科索沃地区关系持续紧张。2020 年 9 月在美国斡旋下，塞尔维亚和科索沃同意实现经济关系正常化，双方也同意暂停政治敌对行动。但在 2022 年 8 月，塞科局势因“车牌”事件再度紧张。根据科索沃提出的新规定，所有塞尔维亚公民在科索沃期间都必须填写临时身份证件，而不是使用他们的塞尔维亚身份证，此外，塞尔维亚车牌的车辆必须在进入科索沃时贴上临时车牌。该规定被解释为对塞尔维亚多年来一直不承认科索沃身份证件的反制措施。塞尔维亚政府在反对这些规定的同时，也敦促当地的塞尔维亚族人抵制这些措施。该事件导致了大规模抗议活动的爆发，并演变为暴力事件。随着塞科紧张局势的重新出现，中国投资者应关注可能出现的冲突风险。

（二）经济风险

经济风险主要指东道国的经济发展形势、利率、汇率、外汇可兑换性等经济要素发生变化导致对投资产生不确定的影响。该类风险一般的防范措施为：项目融资全部以美元或人民币进行贷款，通过远期外汇买卖、外汇买卖掉期、货币期权等金融工具进行汇率风险的规避。

1. **财政风险**

在国际货币基金组织的建议下，塞尔维亚的财政情况在 2016—2019 年取得了长足的进步。这一时期的年度财政账户在经历了 2015 年的巨额赤字后接近平衡，公共债务占 GDP 的比重也从 2015 年的 71% 下降到 2019 年的 53%。然而，新冠疫情期间的必要财政支出恶化了财政情况。塞尔维亚 2020 年的财政赤字扩大到占 GDP 的 7.2%。世界银行于 2020 年 11 月启动了一个新的咨询项目，以支持塞尔维亚进一步增强其抵御财政风险及应对金融和经济冲击的能力。主要举措包括协助塞财政部加强立法，合作开发风险模型和工具，并加强该部与地方政府的财政风险监测能力。该项目是世界银行政府债务和风险管理计划的一部分，由瑞士国家经济事务秘书处资助。

塞尔维亚的财政赤字在 2021—2022 年有所收窄，并有望继续收窄至 GDP 的 3%左右，但是 2022—2023 年美联储持续加息，在国际主要经济体通胀高企、经济增长放缓乃至衰退、美国银行破产导致金融风险外溢的背景下，塞尔维亚的政府预算和财政状况可能仍会有较大负担。

2. 货币政策风险

塞尔维亚国家银行采用通货膨胀目标制的货币政策，但实际上也会基于有管理的汇率浮动进行调整。货币政策的改善确实保障了 2014 年至 2021 年中的低通胀和 2016 年以来的汇率稳定，这也使得塞尔维亚国家银行能够在 2019 年底将主要货币政策利率稳步下调至 2.25%，并进一步在 2020 年底下调至 1.0%，以支持经济复苏。然而，在 2021 年 9 月，消费者价格涨幅超过目标区间的上限，并在 2022 年底上升至 15%以上。为抑制通胀，塞尔维亚国家银行在 2022 年 4 月开始通货紧缩周期，至 2023 年 2 月连续 11 次加息，将主要货币政策利率上调至 5.5%。考虑到通胀仍处于高位，预计 2023 年可能仍会有几次温和的加息政策。

此外，由于塞尔维亚经济和金融体系呈现高度欧元化，大多数银行贷款和储蓄都以欧元计价，货币政策框架有效性受限，实际利率受欧洲中央银行的影响大于塞尔维亚国家银行。

3. 通货膨胀风险

通货膨胀是经济发展过程中很难避免的，大多数国家都有此风险。但是如果通货膨胀的速度超出承包商的可预见范围，材料、设备价格上涨及当地货币贬值会给承包商造成严重的经济损失。

东道国的通货膨胀率保持在可控水平，对投资者来说比较有利，一旦发生太高的通货膨胀则会加大项目投资额，成本收回以及获利也会更加困难。因此，面对持续周期较长的投资项目，东道国通货膨胀率是很重要的考量因素。

塞尔维亚的通货膨胀率继 2012 年达到 12.2%的峰值后，自 2014 年以来，通胀一直处于低位并保持相对稳定。2017 年，通胀目标区间从 4%收窄至 3%（±1.5%）。但自 2022 年以来，在食品和能源价格飙升、供应链和劳动力市场中断的影响下，塞尔维亚的通货膨胀率持续走高，在 2022 年底达到 15%的峰值后，在 2023 年 2 月进一步上升至 16.1%，远高于预期的 15.6%。其中食品和非酒精饮料以及住房和公用事业的消费价格继续上涨。预计高通胀的影响可能在 2023—2024 年间逐步消退，但中短期内仍将处于高位。

4. 汇率风险

塞尔维亚使用的法定货币为第纳尔，相对于美元、欧元来说汇率波动较大，这对中资企业的资金运用和合理安排提出很高要求。因历史上塞尔维亚货币急剧贬值的情况时有发生，当地居民倾向于将手中的当地货币兑换成美元或者欧元，在当地中资企业中的雇工也常要求以欧元或美元支付薪酬。

在塞尔维亚进行大额交易时，习惯使用欧元进行报价，然后再按即期汇率中间价进行结算。若是以第纳尔作为支付货币，则需要更加关注因汇率变动而遭受的实际或潜在经济损失风险。

可能遭受的实际损失主要有两种情况：一种是我国企业作为进口方时，计价结算的塞尔维亚货币对人民币或其他外国货币的汇率在受险时间内上涨，因而在结算计价时支付的人民币或其他外国货币的数额要多于在签约时所预期付出的数额，导致进口成本上涨；第二种是当我国企业作为出口方时，计价结算的第纳尔对人民币或其他外国货币的汇率在受险期内下跌，计价结算时实际收入的人民币或其他外国货币的数额要少于在签约时所预期收入的数额，从而蒙受少收人民币或其他外国货币的经济损失，导致实际利润变少。

潜在损失主要发生在中国母公司和海外子公司合并财务报表时不同货币的折算中，汇率的变动可能导致跨国公司遭受账面经济损失风险。但折算风险仅增加或减少财务报告上资产或负债的账面数量，并不造成现实资产价值的增减。此种情况对母公司或子公司而言，虽然未产生实质性的资产变更影响，但产生外部数值，可能对公司商业形象产生不良影响。

5. 融资风险

塞尔维亚财政状况欠佳，政府主权担保能力受限，其贷款来源主要是欧洲金融机构、国际货币基金组织、世界银行和外国政府。国际货币基金组织、世界银行等机构均要求塞尔维亚政府整肃财政纪律，降低赤字和公债水平，并以此作为继续向塞尔维亚提供融资支持的先决条件。塞尔维亚政府已决定尽量不再新增主权借贷，但会酌情考虑涉及国计民生的重大基础设施项目，明确将公私合营、特许经营等模式作为今后实施有关项目的首选。经过财政整顿计划，虽然政府财政恶化趋势得到扭转，但未来发展经济，特别是大规模基础设施建设存在巨大资金缺口。中资企业在投标大型基础设施时，要创新投融资方式，从传统的工程总承包转变为投资建设和营运管理，寻求多元投资渠道，而不能单纯依靠政府财政资金。

（三）法律风险

法律风险主要指涉及土地法、税法、劳动法、环保法、合同法、招标投标法等法律法规的更改和变化所引起的项目成本增加或收入减少等风险。可能的防范措施如：明确因违约、歧义、争端的仲裁在双方都认可的第三国进行。

1. 政策法律变更风险

当前塞尔维亚在积极争取加入欧盟，许多政策也在向欧盟标准看齐，对于未来中国投资构成隐性制约。塞尔维亚目前正在进行加入欧盟的谈判，本国法律体系逐渐向欧盟法律靠拢，但又不是完全执行欧盟法律体系，存在新旧法规的转换和衔接问题。同时塞尔维亚还存在南斯拉夫联盟旧法和塞尔维亚新法之间的差异。此外，塞尔维亚政府还存在大量的临时性政策和决定，法律规则和政策的复杂性和差异性增加了商业守法成本。

点评：

中资企业在塞尔维亚进行投资时要事先做好法律环境调研工作，聘请法律专家对政治环境、法律、经济制度进行预判。合同谈判时，需要配备一支专业的团队，包含法务、财务、金融专业的专家，尽量在合同洽谈中规避风险，同时在合同中明确约定发生争议的解决方式，为日后争端解决争取主动。对由于法规更改或由于政权更迭引发的法规变动风险，在商务合同中提前约定清楚，尤其关注相关政策调整带来的工程拖期和费用增加风险。

2. 法律差异风险

中塞两国有着不同的法律体系，法律环境差异较大。在不能充分掌握塞尔维亚法律政策，以及该国法律可能受政治、经济、环境影响发生变化的情况下，投资具有一定的法律风险。此外，塞尔维亚可能存在各地对统一政策解读和执行标准不一、相关政策落实不彻底的情况，进一步增加企业的运营成本和运营风险。

点评：

建议企业可以组织人员分析总结我国与塞尔维亚相关法律规定的差异，积极熟悉塞法律制度和执行模式，并做好基础工作文档的保存，规避项目开展过程中可能出现的法律风险。

3. 司法环境风险

虽然塞尔维亚近些年来不断完善立法，但司法环境仍然是投资者在决定是否投资前需要慎重考虑的一大问题，这主要体现在法律救济程序复杂、实体权益难以得到保护和判决/裁决执行不力等方面。我国就有企业在参与塞尔维亚国有企业私有化改革的过程中遇到过此类问题。美国国务院也指出，尽管塞尔维亚加入了多个关于国际仲裁的条约，但仲裁裁决的执行是一个缓慢而困难的过程。塞尔维亚私有化署在2007—2012年期间曾拒绝国际商会作出的对美国投资者有利的仲裁裁决。最后不得不由美国大使馆出面通过外交手段促成塞尔维亚政府和投资者达成协议。

[案例 6-2]

2010年，塞尔维亚私有化署通过了某国有企业（即被拍卖企业）的重组计划申请，并在私有化署网站上公开了关于参与该企业财产公开拍卖活动的邀请。某中资企业在当地的子公司（简称项目公司）提交了关于参加公开拍卖活动的申请，并按照私有化署的要求提交了所有资料和缴纳了保证金。

2013年，私有化署举行了公开拍卖活动，项目公司是唯一缴纳了保证金的竞拍人。按照《公共采购法》的规定，如果首轮拍卖活动无人愿意按照评估价值出价，则第二轮可按照评估价的51%拍卖，如第二轮仍然无人愿意按照该等折价出价，则第三轮可以改按评估价的30%拍卖。项目公司充分利用了该规定，并在第三轮进行正式报价。

拍卖活动结束后，私有化署很快向项目公司发出了关于签署和公证购买协议的邀请函，但之后却一直拖延签署正式的合同。项目公司委托律所介入后，律所以项目公司名义依次致函私有化署、财政部、塞尔维亚政府和塞尔维亚总统，但私有化署仍然拒绝签署合同。让事情进一步恶化的是，私有化署作出了关于撤销该公开拍卖的决定。虽然根据《公共采购法》等相关规定，私有化署有义务就其撤销公开拍卖的决定陈述理由，但在项目公司参加公开拍卖活动本身合法的情况下，私有化署拒不作出任何解释，明显违反行政程序。

项目公司委托律所对撤销决定提出行政异议和行政上诉，并向行政法院紧急申请暂缓私有化署的撤销行为，但未得到支持。之后律所又代表客户向行政法院提出行政诉讼。

2014 年，私有化署在行政诉讼程序仍在进行的情况下，又发布了关于同一国有企业财产公开拍卖的公告，并在 2017 年将该企业财产正式售与塞尔维亚另一家公司。

2015 年，塞尔维亚政府通过了新的《私有化法》，与之前的规定存在重大区别。区别之一在于私有化署的职权应移交给经济部，这给项目公司维权带来了新问题。因为按照某行政裁决，私有化署应就其未及时归还保证金一事向项目公司支付利息，但新法出台后私有化署以职权已经移交为由拒绝履行该行政裁决。为了尽快执行到位，律所聘请私人执行官不断追讨，终于在两年后成功追回了利息损失。

4. **税收法律风险**

塞尔维亚采取自我纳税评估的税务管理体制。如在塞尔维亚设立子公司或者分公司，则须承担自我评估并进行税务申报的责任。如中资企业在塞尔维亚设立分公司，虽分公司不具备法人地位，但是应当进行营业登记，并作为独立的纳税主体按规定申报缴纳增值税和所得税。其中增值税、企业所得税与个人所得税的缴纳适用专门规定，并有相应的罚则。

在申报主体中除去设立子公司和设立分公司存在部分差异外，需特别提及的是非居民企业，对于在塞尔维亚销售商品或劳务且在塞尔维亚没有场所或常设机构的非居民企业，应指定一名税务代理进行税务申报和缴纳，除非该非居民企业在塞尔维亚只是通过电子方式提供服务或者仅提供交通运输服务。如未按要求指定税务代理或者指定不当，将面临税务处罚的风险。

就增值税而言，纳税人须在网络上进行电子申报，且应当保存相关税务文档，包括但不限于开具和收到的发票、适用的税率和优惠税率等。如违反增值税法律规定，纳税人可能面临着 10 万～100 万第纳尔的罚金，同时相关的负责人和承包者将面临不同程度的连带处罚责任。

就企业所得税而言，企业当月的税款须在次月 15 日之前缴纳，并应在纳税年度结束后的 180 天内提交申报表并缴纳相应税款，若纳税人未在该期限内提交纳税申报表，则视为未完成纳税申报。新设企业自商业登记注册之日起纳税，其他企业按月纳税。主体变更，企业清算或破产的情况，出现合并、分立导致企业终止经营的情况，都应在规定时间内申报，否则视为违法行为，税务机关有权采取强制措施要求纳税人缴纳税款，并视具体情况决定利息及罚款金额，情节严重的，纳税人可能面临被禁止经营的风险。

就个人所得税而言，纳税人在收到收入的30天内按照收入提交纳税申报表或支付预提税。对于逾期缴税或未按照其他程序缴税的，须承担相应罚款。

5. 土地法律风险

塞尔维亚的土地制度和其他法律制度存在一定的特殊规定，常见的法律风险为土地和建筑物的法律权利瑕疵。主要的情形有：第一，土地存在权利瑕疵导致转让或出租行为受阻，如外国人不能享有农业用地的所有权、建设用地权利人的使用权没有转换为所有权。第二，建筑物的使用权和所有权瑕疵。在塞尔维亚建造建筑物和使用建筑物都须获得许可，但是由于当前塞尔维亚的登记制度尚未完全得到推广，因此存在缺乏地籍登记信息或信息不准确等问题，存在租赁非法建筑的风险。第三，权利负担风险。如投资者在获取土地和建筑物时，未进行详尽的前期调查，可能会面临因其他权利人（如抵押权人）行使权利而无法实际使用的风险。

在基础设施投资建设项目中可能还会涉及土地征收事宜。政府主管机关有权获取基础设施所在地的土地所有权或使用权，使得投资者、被雇的分包商及其他被投资者雇佣的人员在项目所在地完成项目建设。政府部门负责安置土地所在地的居民，并承担所有费用，包括但不限于安置费、土地取得费、安保费用。但是，政府部门采取行动往往比较迟缓和拖沓，从而导致工程开工延迟。另外，政府安排的安置费往往也不充足，这使得项目所在地的居民心生怨怼从而不愿意放弃其土地，最终使整个征收程序复杂化。

6. 用工法律风险

塞尔维亚境内公司（不论是否具有外商投资因素）如想雇佣外国公民，需要满足一些前提条件，即雇员一般须取得签证、暂住许可证及工作许可证，特殊情形除外，而雇主须取得雇佣许可证。

（1）签证到期的风险。

第一次申请暂住许可证时，外国公民应在签证期满前30天以前向塞尔维亚内政部提交所有必要的文件。拥有签证（除非在特殊情况下不需要签证）是获得暂住许可证的前提条件，而暂住许可证是获得工作许可证并在塞尔维亚境内工作和被雇佣的前提条件。因此，外国公民要想在塞尔维亚就业必须取得有效的签证。同时外国公民必须持有有效的护照，其护照的有效期至少比该外国公民打算在塞尔维亚临时居住的期限长6个月。

（2）暂住许可证相关的风险。

外国公民每次进入塞尔维亚及每次离开而后期再次进入塞尔维亚时，必须在每次到达塞尔维亚后24小时之内根据自己在塞尔维亚的住址向所辖警察局报告，以获取一张白卡（或一张新的白卡），即一份证明他们已进入塞尔维亚的文件，在这个文件里记录了与之在一起的人的姓名、地址和其他有关信息，该文件为外国公民在塞尔维亚的地址证明。外国公民申请暂住许可证时可能会出现的问题之一就是白卡的形式不正确。

如果外国公民改变了临时居住地（如搬至另一城市），也应当及时报告。否则，外国公民将被认定为轻罪，并应当按法院确定的金额缴纳罚款。

虽然塞尔维亚内政部规定了必要文件清单，但其为了确定暂住申请的有效性，可能会要求提供额外文件。所有以外语起草的文件都需与官方译员翻译的经过认证的塞尔维亚语版本一起提供。

移民主管部门可在外国公民提出居留许可申请后，安排与申请人或在塞尔维亚经营的外国公司的分支机构/子公司或该公司法定代表人进行会面。

雇员必须在上个暂住许可证到期 30 天前向有关当局提出申请暂住许可证的续期。否则，外国公民将被判定为轻罪，并应当按法院确定的金额缴纳罚款。

（3）不能延长工作许可证的风险。

外国公民的工作许可证是应雇主的要求签发的，目的是在塞尔维亚境内开展活动或提供服务。工作许可证的期间不超过一年。国家就业服务中心的做法是，受雇于外国雇主的外国公民在上述期间到期后不能延长其工作许可证，需要改变其寻求工作许可证的理由，并申请一种新类型的工作许可证。

特殊情况下，外国公民的雇主在与塞尔维亚签署了有关转介条约的国家依登记开展活动，则相关主管部门可根据该条约规定的条件和期间，续签外国公民的工作许可证。

外国公民在没有工作许可证的情况下就业构成轻罪，这可能会导致接收单位和接收单位的负责人卷入诉讼，该外国公民也可能被处以高额罚款。

雇主应向塞尔维亚国家就业服务中心登记用人需求以雇佣外国公民。外国公民只能在国家就业服务中心发布文件确认雇主未能找到符合描述条件和特点的合适候选人时才有可能被雇佣。用人需求的登记时间必须持续一个月，在这之后如未找到他人，则可以提交外国公民的申请。

签发工作许可证时，其持续时间取决于暂住许可证的期限，雇主和雇员也应在工作许可证期满前 15 天内向塞尔维亚国家就业服务中心申请续签。

（四）社会风险

社会风险主要指所在国的社会文化环境、基础设施建设、治安安全、医疗卫生等可能给企业和个人带来财产及人身方面损害的影响因素。这类风险一般的防范措施为：尊重当地风俗习惯，密切与当地居民的关系，做好安保防范措施以及相关风险识别和规划。

1. **基础设施薄弱风险**

南斯拉夫解体以后，塞尔维亚又经历了 10 年国际经济制裁、3 年波黑战争以及科索沃战争，国内基础设施遭到严重破坏。目前塞尔维亚工业基础薄弱，产业配套设施缺失，单个企业去投资往往无法产生规模效应。塞尔维亚交通设施体系虽完备但老旧，需要更新。同时作为内陆国家，塞尔维亚不具备天然的港口优势，导致产品运输成本高且运力无法保障。

2. **社会安全风险**

塞尔维亚国家政局总体稳定，遭受恐怖袭击的危险度不高，但近年来民间示威和抗议活动时有发生。此外，外国人被盗、被抢事件多发。尤其在步行街、共和国广场、火车站、商场、机场等人流聚集地，中国公民应提高警惕，加强防范，保管好财物与护照。如发生意外，首先必须报警，并及时同中国驻塞尔维亚大使馆取得联系。

点评：

中国商务部对外投资和经济合作司发布的《境外中资企业机构和人员安全管理指南》为境外企业和对外投资的安全保护工作提供了全面的指导。

3. 劳动力流失风险

塞尔维亚人口较少，加之历史上塞尔维亚与周边国家不断战争，导致男性比例下滑，同时专业技术人员更倾向于去周边的发达国家如法国、德国等国工作，导致国内人才流失较为严重。但是中国对塞部分投资项目，诸如基建项目，体量大、用工多，对于劳动力和技术管理人员需求较大。如果从中国输入劳动力，会导致中资企业的用工成本增加。同时，与当地政府签订合同时，有时会约定本地雇员的用工比例，大量使用中国雇员必然导致违约风险的增加。

4. 自然风险

塞尔维亚境内曾发生过水灾、雪灾和地震。目前较为高发的自然灾害为5—10月雨季期间的洪水灾害，给当地居民带来较大的人身伤害和财产损失。

2014年5月，塞尔维亚连降暴雨，引发史上最大的洪灾，两天内的降水量已达到正常情况下两个月的雨量，导致全国约1/3的地区受灾，数以万计的居民被迫疏散，成千上万的房屋被摧毁。此次洪灾导致近百人死亡，造成的损失估计将高达数亿欧元，已成为近120年来塞尔维亚遭受的最严重的自然灾害。

5. 竞争风险

考虑到塞尔维亚的地缘战略价值和投资激励政策，欧盟国家、俄罗斯、瑞士、日本等国家在塞的投资也日益增加，塞政府和社会也会对外国投资者进行选择和比较，因此中国企业还需要和上述其他国家的投资者进行竞争，才能取得一些优质的项目。

6. 管理风险

管理风险是指因企业自身管理上的疏忽而导致的风险。在国外开展工程，容易在管理过程中出现水土不服、难以适应的问题。在境外常见的管理风险有：

一是对所在国的法律法规不熟悉导致的风险。如：在税法方面，在合同中遗漏或不完全考虑当地税法，直接导致利润流失。在海关条例方面，违反海关条例直接导致进出口时间延迟或被处以罚款。在劳工法方面，对当地劳工法不明导致工作安排不能及时落实，影响项目进度，或由于违反劳工法被起诉。其他的诸如所在国环境法、专利法、合同法和建筑法等。

二是自身管理制度、程序不到位。如沿用在国内的常见做法，程序不合规使工程实施过程中产生错漏、协调困难等风险。

点评：

塞尔维亚投资、建设工程内容包括投资机会研究、项目可行性研究、勘察设计、招投标、采购、施工建设以及试运营到最终的项目交付。随着国际招标工程项目不断增多，相关工程管理人员具备了丰富的项目操作经验，尤其是国企、央企培养了一大批海外工程管理和运营人员。但是，部分中资企业因规模或是出于节省成本的目的，任用内部非工程项目管理专业的员工负责海外项目，这反而可能导致项目可行性降低、成本与风险升高。

7. **技术风险**

技术风险指工程项目所在地的自然条件勘察不力和工程实施的技术难度等给承包商带来的风险。技术风险主要包括以下几种情况：

一是前期工程资料不准确。前期施工资料，如水文地理等是由业主提供的，而业主给的资料可能存在不详尽、不准确的情况。中资企业在塞尔维亚施工的经验不丰富，缺乏相应的了解，前期核实和准备不足导致返工风险。

二是技术规范不熟悉。如中资企业对当地技术规范不了解；或进入陌生的领域承包工程，对该领域的技术规范不熟悉；或是需要采用新的施工方法和工艺，没有适用的技术规范。

三、塞尔维亚未来发展预测与投资机会分析

（一）政治前景

塞尔维亚于2022年4月举行全国大选，并于10月完成新政府组建，总统武契奇及执政党拥有较强的政治掌控力，预计中短期内国内政治环境稳定。新政府施政纲领包括发展新能源、改善教育体系、加大对科学和创新的投入等方面。政府还提出了2023年的三大优先事项，包括保障公民生活水平、继续投资和确保足够的能源。

在保障公民生活水平方面，从2023年1月1日起，养老金将增长12.1%，最低工资将增长14.3%，公共部门的工资将增长12.5%，以抵御通货膨胀带来的影响。在投资方面，2023年预算中GDP的6.8%将被用于投资，高速公路、铁路、学校、医院的建设，以及“清洁塞尔维亚”项目，即污水管网和污水处理厂的建设等将继续进行，以提高人们的生活质量。在能源方面，政府副总理兼财长马利指出，武契奇总统同样首肯政府的政策，即塞应该为最坏的情况做准备。预计能源领域的危机将在2023年继续存在。政府预算为应对能源危机，即电力和天然气供应留下了足够的空间。2023年计划预算赤字为3.3%，其中1.4%将用于在必要时购买额外数量的储备天然气或电力，以便为公民和经济提供正常的生活和营商条件。

在外交方面，科索沃问题仍是塞尔维亚加入欧盟的主要障碍之一。针对此问题的谈判开始于2015年，但双方紧张局势在2022年下半年

升级，预计短期内无法得到解决。

目前塞尔维亚外交政策面临的主要挑战包括对俄罗斯采取限制性措施，以及进一步与欧盟的外交政策协调一致。塞尔维亚因不符合欧盟的外交政策而遭受了大量批评。塞尔维亚拒绝参与欧盟对俄罗斯的所有制裁，这导致其在这一领域的合规率已从 2021 年的 64%下降到 2022 年 8 月的 45%。塞尔维亚违背了欧盟的外交政策立场，作为优先事项，塞尔维亚应履行其承诺，并根据欧盟和塞尔维亚的谈判框架，逐步与欧盟共同的外交和安全政策保持一致，其中也包括欧盟的限制性措施。对此，欧洲议会采取的立场是，只有塞尔维亚遵守对俄罗斯的制裁，其加入欧盟的谈判才能取得进展。

（二）经济预测

在经历了新冠疫情和俄乌冲突之后，世界经济正在进入一个宏观经济不稳定的时期，伴随着高通胀和经济发展停滞。在俄乌冲突尚无结束征兆的背景下，预计通货膨胀、金融危机、经济衰退、高利率和能源危机仍将是未来一段时间的关键词。2023 年塞尔维亚经济活动放缓预计将不可避免。国际货币基金组织预测塞尔维亚 2023 年经济增长率为 2.7%，而中东欧研究院也预测塞 2023 年实际 GDP 增长率为 2%~3%。

根据塞尔维亚财政委员会的预测，2023 年公共财政将保持稳定，财政赤字和公共债务占 GDP 的比重将在可控范围内略有上升。2023 年计划财政赤字为 2640 亿第纳尔，约占 GDP 的 3.3%，考虑到为应对能源危机而预留的财政成本，塞公共财政状况仍在朝着良好的方向发展。2023 年的政府预算将公共投资保持在较高水平，约占 GDP 的 6.8%，与 2021 年和 2022 年的公共投资支出基本保持一致。基础设施的改善将给塞经济发展带来有利影响。根据塞财政部的数据，到 2023 年底，塞公共债务将达到 GDP 的 56.1%。

在通货膨胀方面，预计 2023 年塞尔维亚经济将继续承受高企的通货膨胀压力，年均通货膨胀率将在 8%左右。高通胀可能会在 2023 年至 2024 年逐渐放缓，并在 2024 年回落到塞尔维亚国家银行设定的目标区间（3±1.5%）。为抑制通胀，塞尔维亚国家银行自 2022 年 4 月开始通货紧缩周期，预计 2023 年仍有可能实施几次温和的加息政策，并维持一段时间的高利率。而这将增加借贷成本，也会影响居民的购买力和消费水平。

2023 年全球面临的一大挑战是能源多元化和工业关键资源供应的稳定性问题。塞尔维亚虽然也面临一定的能源危机，但目前的供应相对稳定。然而电力和天然气供应价格的上涨不可避免。塞政府保证能源价格的上涨不会威胁到企业经营。此外，2023 年初，欧盟计划向塞尔维亚提供价值 1.65 亿欧元的能源支持计划，以保证公民和中小企业能够更轻松地应对能源价格上涨和绿色转型。塞尔维亚和保加利亚的天然气互联互通项目计划于 2023 年第四季度完工，新天然气管道的预计容量将允许每年输送 18 亿立方米的天然气，相对于塞尔维亚目前的天然气需求（每年约 30 亿立方米），它将额外增加 60%的产能，这将大大提高塞尔维亚天然气供应的整体安全性。

（三）投资机会

塞尔维亚是西巴尔干地区的核心国家，对周边国家有较强的辐射影响力。中塞在基础设施建设领域的合作成果丰硕，极大提升了当地的经济环境，例如河钢集团收购斯梅代雷沃钢厂，实现扭亏为盈并解决了大量就业，这些成功案例都极具示范效应，吸引中东欧其他国家加强与中国的经济合作。通过优劣势分析可以发现，在塞尔维亚投资机遇和风险并存，未来需要因地制宜扩展合作领域，深挖塞尔维亚的投资洼地。

中国企业在对塞投资时可以考虑以下几个投资领域：

1. **农业及农产品加工**

塞尔维亚土壤肥沃，气候适宜，农业用地超过 500 万公顷，其中 60%为可耕地。北部为著名的伏伊伏丁那多瑙河冲积平原，地势平坦，土壤肥沃，被誉为粮仓。中部、东部、西部及南部为丘陵和山地。理想的自然条件令塞尔维亚十分适合种植农作物、水果和蔬菜。农业是塞尔维亚少数实现贸易顺差的产业部门。塞尔维亚的松露、覆盆子、苹果、玉米、果汁、果泥、果酱、冷冻水果、干果均在国际市场上有广泛销路。塞尔维亚与许多国家签署了自由贸易协定，农产品可以免关税进入对方市场。政府也鼓励发展与农产品相关的种植、经营和贸易，提供了很多优惠政策。

2. **汽车工业**

塞尔维亚的汽车工业历史悠久，最早可追溯至 1939 年，现已发展成为塞尔维亚的重要产业之一，出口约占塞出口总额的 10%。

塞尔维亚汽车工业以汽车底盘系统零部件、轮胎、悬挂部件制造而闻名，车载电气系统零部件、发动机零部件（大部分为铸造件）以及轴轮、刹车碟片、气阀、飞轮等具有较强的竞争力，主要为欧洲、亚洲主要汽车厂商提供零部件。

3. **信息通信技术**

信息通信技术（ICT）行业是塞尔维亚的优势产业之一。随着全球 ICT 行业向软件工程外包、离岸系统设计与集成的模式发展，塞尔维亚的 ICT 行业凭借地理位置和产业结构优势，可为更成熟的 ICT 市场提供高效、可靠的服务。

塞尔维亚的工程学教育资源丰富，有 35 所高等教育机构开设 ICT 学科，33%的大学毕业生主修工程技术。工程师、技术人员拥有良好的教育背景，70%以上具有大学及以上学历。

塞尔维亚 ICT 行业引资优势主要体现在：劳动力成本较低、劳动力素质较高、人才技能较强等。包括华为、中兴、南瑞集团、同方威视等在内的中国通信企业均已在塞设立分支机构。

4. **电力能源**

电力能源领域的发展能够创造大量就业，改善国民生活和居住环境，是塞政府鼓励的重点投资领域。同时塞尔维亚电价低，可向周边国家输电，有很大的利润空间。中国企业在电力能源方面拥有先进的技术和经验，投资塞尔维亚电力能源市场大有可为。

5. **基础设施建设**

塞尔维亚目前有大量城际公路、铁路、城市道路、桥梁等基础设施需要建设、改建和升级。例如塞尔维亚拥有较高的铁路网密度（相对于其居民人数），但设备老旧需要进行电气化改造。中国公司具有强大的基建能力和国家金融支持，政府间也签署了相关框架协议，还有成功案例的示范效应，可以预期在未来一段时间，基础设施建设仍将是最具投资价值的领域之一。

Chapter 7

第七章

工程建设企业合规管理体系建立指南

一、合规管理的内部环境

合规管理是一种风险管理活动，是境外施工企业对业务活动是否遵守所在国（地区）法律、法规、规定、规则、行业自律等的一种鉴证行为。

合规管理的内部环境是其他所有风险管理要素的基础，为其他要素提供规则和结构。内部环境的要素包括：合规管理的目标和基本原则，企业文化和公司战略，管理层的理念和经营风格，公司组织架构及其岗位职责，员工的诚信、道德价值观和胜任能力。

（一）合规管理的目标

建立健全合规风险管理体系，实现合规风险的有效识别和管理，促使境外施工企业全面风险管理体系的建设，确保企业依法合规经营。

（二）合规管理的基本原则

一是客观性原则。合规人员应当依照相关法律、法规对违规事实进行客观评价。

二是独立性原则。合规部门在企业中应当有独立地位，合规管理应当独立于其他各项业务经营活动。

三是专业性原则。合规人员应当熟悉公司业务制度，了解公司内各业务环节的专业知识和业务流程，并准确理解和把握法律法规的规定和变动趋势。

四是公正性原则。合规人员在对业务部门进行检查时，应当坚持统一标准对违规行为及相关风险进行评估和报告。

五是协调性原则。合规人员应当正确处理与公司其他部门及监管部门的关系，努力形成公司的合规合力，避免内部损耗。

六是全面性原则。企业合规管理应覆盖所有境外业务领域、部门和员工，贯穿决策、执行、监督、反馈等各个环节，体现于决策机制、内部控制、业务流程等各个方面。

二、合规管理机构的设置及职责

（一）合规管理机构的设置

企业可根据业务性质、地域范围、监管要求等设置相应的合规管理机构。合规管理机构一般由合规委员会、合规负责人和合规管理部门组成。尚不具备条件设立专门合规管理机构的企业，可由相关部门（如法律事务部门、风险防控部门等）履行合规管理职责，同时明确合规负责人。

1. 合规委员会

企业可结合实际设立合规委员会，作为企业合规管理体系的最高负责机构。合规委员会一般应履行以下合规职责：

第一，确认合规管理战略，明确合规管理目标。

第二，建立和完善企业合规管理体系，审批合规管理制度、程序和重大合规风险管理方案。

第三，听取合规管理工作汇报，指导、监督、评价合规管理工作。

2. 合规负责人

企业可结合实际任命专职的首席合规官，也可由法律事务负责人或风险防控负责人等担任合规负责人。首席合规官或合规负责人是企业合规管理工作具体实施的负责人和日常监督者，不应分管与合规管理相冲突的部门。首席合规官或合规负责人一般应履行以下合规职责：

一是贯彻执行企业决策层对合规管理工作的各项要求，全面负责企业的合规管理工作。

二是协调合规管理与企业各项业务之间的关系，监督合规管理执行情况，及时解决合规管理中出现的重大问题。

三是领导合规管理部门，加强合规管理队伍建设，做好人员选聘培养，监督合规管理部门认真有效地开展工作。

3. **合规管理部门**

企业可结合实际设置专职的合规管理部门，或者由具有合规管理职能的相关部门承担合规管理职责。合规管理部门一般应履行以下合规职责：

第一，持续关注我国及业务所涉国家（地区）法律法规、监管要求和国际规则的最新发展，及时提供合规建议。

第二，制订企业的合规管理制度和年度合规管理计划，并推动其贯彻落实。

第三，审查评价企业规章制度和业务流程的合规性，组织、协调和监督各业务部门对规章制度和业务流程进行梳理和修订。

第四，组织或协助业务部门、人事部门开展合规培训，并向员工提供合规咨询。

第五，积极主动识别和评估与企业境外经营相关的合规风险，并监管与供应商、代理商、分包商、咨询顾问和承包商等第三方相关的合规风险。为新业务的开发提供必要的合规性审查和测试，识别和评估新业务的拓展、新客户关系的建立以及客户关系发生重大变化等所产生的合规风险，并制定应对措施。

第六，实施充分且具有代表性的合规风险评估和测试，查找规章制度和业务流程存在的缺陷，并进行相应的调查。对已发生的合规风险或合规测试发现的合规缺陷，应提出整改意见并监督有关部门进行整改。

第七，针对合规举报信息制定调查方案并开展调查。

第八，推动将合规责任纳入岗位职责和员工绩效管理流程。建立合规绩效指标，监控和衡量合规绩效，识别改进需求。

第九，建立合规报告和记录的台账，制定合规资料管理流程。

第十，建立并保持与境内外监管机构日常的工作联系，跟踪和评估监管意见和监管要求的落实情况。

（二）合规管理部门的设置方式

合规管理部门是负责施工企业合规工作的具体组织和执行部门，依照所规定的职责、权限、方法和程序独立开展工作，负责公司各部门和全体员工的合规管理工作，合规管理部门对公司高层负责。

合规管理部门人员应具备较高的思想素质和法制观念，坚持原则、忠于职守、廉洁奉公、公正无私，并具备相应的专业知识。合规管理部门必须制定相应的人员岗位责任制，明确任务，落实责任。合规管理部门工作人员同样应遵守公司各种规章制度和规定。合规管理部门依据国家及有关部门的法律法规、公司章程、公司内部管理制度和承包合同，在所赋予的权限内，按照所规定的程序和方法，对行为对象进行客观公正的检查监督并提出处理建议。

合规管理部门的设置有如下几种类型（见表 7-1）。每种类型都有各自的优缺点。企业应根据公司业务类型、组织结构、组织资源等因素选择合规管理部门的设置。

表 7-1　合规管理部门类型及特点

序号	类型	特　点
1	合规管理部	在企业内部建立一个专业的合规管理部门，任命首席合规官作为合规管理总负责人。 优点：企业合规管理部门的独立性强，合规团队专业能力强，合规工作也做得相对专业。 缺点：要求企业投入大量的资金、人力等资源；对合规管理人员职业技能要求高，既要懂合规专业知识，又要懂具体的业务知识；合规管理部门与其他部门之间的沟通协调能力也要求较高。
2	法务合规部	把法务部或者法律事务部的管理职能与合规部门管理职能统一到法务合规部门职能之中，由法务合规部对企业的法律事务工作和合规管理工作进行统一管理。 优点：部门设立相对容易，投入成本相对较低，公司在设立合规管理部门时可以利用公司现有的法务部门的资源，因为大多数公司在成立合规部之前都有法务部门。另外，合规管理工作与法务部工作配合容易，因为合规管理部门有效开展工作的前提须对外部法律法规、监管等规定有正确的理解，在一个领导之下，合规管理部门与法务部门之间的沟通也相对顺畅。 缺点：按照这样的方式设置合规管理部门，开展工作时与其他部门的沟通协调要求较高，需要合规管理部门与业务部门密切配合，对合规管理人员职业技能要求高，既要懂合规专业知识，又要懂具体的业务知识。
3	审计合规部	合规部与审计部结合形成审计合规部。 优点：便于企业对合规风险进行管理，企业可以通过较少的投入达到合规管理的目的。 缺点：独立性不强，适用于业务单一且面临合规风险较低的企业。以生产汽车为主的北京奔驰汽车就采用了该类型。

续 表

序号	类型	特 点
4	风控合规部	融合了公司治理、风险控制与合规管理。 优点：大大提升了合规管理部门整合公司资源的能力，有很强的独立性，方便了合规部门与风险管理部门的沟通，合规部门在合规风险评估时可以和风控部门结合起来共同开展工作，实现风险管理工作成果共享。 缺点：对合规部的领导力提出了很高的要求，同时也需要企业提供较多的资源支持，还需要与法务部门等其他部门加强沟通，平衡业务与合规风险管理的关系。
5	其他	具体根据公司业务类型、组织结构、组织资源而定。 如英国石油公司（BP）在集团层面设置“道德与合规部”进行合规管理，同时配以法律各领域专家提供日常的法律专业支持，来保证 BP 各部门的合规专业有效运行。 BP 公司除了在道德与合规部门工作的全职合规工作人员之外，在每个业务与职能部门及其每一个下属地区部门，都有一位部门领导兼任本部门的“道德与合规联络人”。其职责是确保各项合规制度在本部门的有效实施，并且就日常工作中的合规问题进行处理和解答。这种安排能够有效提高本部门领导的合规意识，高效率解决日常合规问题。

三、企业内部的合规管理体系

（一）董事会的合规责任

董事会作为决策层应以保证企业合规经营为目的，通过原则性顶层设计，解决合规管理工作中的权力配置问题。

董事会负责企业整体风险的预防和控制，审核、监督公司风险控制制度的有效执行，可以下设合规与风险管理委员会，负责对企业国内施工承包及境外施工经营的风险控制及合法合规进行审议、监督和检查，草拟企业风险管理战略，评估企业风险管理状况。

董事会对企业的合规管理承担最终责任，履行以下合规职责：

①审核批准合规政策，监督合规政策的实施，并对实施情况进行年度评估。

②审核批准公司年度合规报告，对年度合规报告中反映出的问题，采取措施解决。

③根据总经理提名决定合规负责人的聘任、解聘及薪酬事项。

④决定公司合规管理部门的设置及其职能。

⑤保证合规负责人独立与董事会、董事会相关委员会（如审计委员会或者其他专业委员会）沟通。

⑥公司章程规定的其他合规责任。

（二）监事会的合规责任

为了完成合规监督职能，监事会不仅要进行会计监督，而且要进行业务监督。不仅要有事后监督，而且要有事前和事中监督（即计划和决策时的监督）。监事会对经营管理的合规方面监督包括以下方面：

一是对企业董事、总经理和其他高级管理人员执行公司职务时违反法律、行政法规或者公司章程的行为进行监督并有权通知他们停止其非合规行为。

二是随时调查企业的合规执行状况，审查合规体系文件、合规记录和合规报告，并把审核意见向董事会报告。

三是当监事会认为有必要时，一般是在企业出现重大问题时，可以提议召开股东会。

（三）管理层的合规责任

企业的高级管理层应分配充足的资源建立、制订、实施、评价、维护和改进合规管理体系。

管理层人员应当熟悉工程建设相关法律、行政法规及国际性组织的监管要求，依法合规、勤勉、审慎地行使职权。管理层人员应当维护企业的统一性和完整性，在其职权范围内对企业经营活动进行独立、自主决策，不受他人干预，不得将其经营管理权让渡给股东或者其他机构和人员。

管理层人员应当根据企业经营环境的合规要求，督促和落实合规责任体系的建立和运行。

管理层人员应当构建企业自身的合规文化，保持企业内部机构和人员合规责任体系、合规报告路径的清晰、完整，不得违反规定的报告路径，防止内部责任体系、报告路径和内部员工之间出现割裂的情况。

（四）合规管理部门的合规责任

①协助领导构建企业合规管理体系，制订、修订企业的合规手册和其他合规风险管理规章制度。

②起草年度合规管理计划。

③主动识别、评估、监测和报告合规风险。

④负责各项具体合规工作方案的拟定，使合规工作顺利展开。

⑤起草合规报告。

⑥参与新业务的开发，识别、评估合规风险，提供合规支持。

⑦违规事件的调查处理，起草违规处理决定。

⑧梳理企业内控流程，提出相关改进建议。

⑨审查企业内部管理制度、业务规程，提供合规改进建议。

⑩组织合规培训并向企业员工提供合规咨询服务。

⑪跟踪法律法规、监管规定和行业自律规则的变动、发展，并根据其有关要求提出制订或者修改企业内部规章制度的建议。

⑫相关辅助性工作和领导指派的其他工作。

（五）合规管理的主要内容

企业应以倡导合规经营价值观为导向，明确合规管理工作内容，健全合规管理架构，制定合规管理制度，完善合规运行机制，加强合规风险识别、评估与处置，开展合规评审与改进，培育合规文化，营造重视合规经营的企业氛围。

1. 合规管理的主要活动

合规管理旨在构造企业监督系统，对企业的决策系统、执行系统进行全程、动态的合规监控，监控的对象覆盖企业经营管理的全部内容，主要包括：

①定期学习法律、法规，传达监管要求，打造企业合规文化，提高员工合规意识。

②审核业务合同，各部门的制度和工作流程。

③依据合规要求，检查和评估日常经营管理活动的合规性。

④梳理整合各项法律法规、规章制度，开展合规培训。

⑤为新的承包合同提供合规支持。

⑥开展法律咨询，协同处理企业法律纠纷及其投诉。

2. 合规文化

合规文化建设是合规风险管理的一部分，同时也是企业文化建设的一部分。如果企业上下所有员工都严格遵守高标准的道德行为准则，那么该合规风险的管理是最为有效的。

在企业内部要形成浓厚的合规文化，做到人人合规。所有员工都要有足够的职业谨慎、具有诚信正直的个人品行以及良好的风险意识和行为规范。企业内部要具有清晰的责任制和问责制，以及相应的激励约束机制，形成所有员工理所当然要为自身从事的职业和所在岗位的工作负责任的氛围，进而逐步形成工程建设企业的合规文化。企业加强合规文化建设应从以下四个方面努力：

第一，管理层的重视。

第二，全员合规理念的建立。一定要改变钻政策空子、打擦边球的观念，消除侥幸心理。

第三，合规部门与其他部门的配合、信息交流，实现资源共享，协同作战。

第四，合规考核机制的有效落实。

3. **合规政策**

合规政策是企业体现合规理念，培育合规文化，制定实现合规目标的纲领性、指示性的文件，对企业开展合规工作提出了原则性要求。其内容包括：

（1）合规政策的制定。

企业的高级管理层（合规委员会）负责制定书面的合规政策，并根据合规风险管理状况和法律、规则、准则，以及项目所在地的政策、宗教和文化环境的情况适时修订合规政策，经董事会审议批准后传达给全体员工，定期评价各项合规政策和执行状况；若发现重大的合规问题，管理层必须立即向董事会汇报。

（2）进一步明确合规管理部门的职能。

为确保合规管理部门能在公司合规管理中充分发挥作用，对合规管理部门的责任至少应明确：①合规管理部门的功能和职责；②合规管理部门的权限；③合规负责人的合规管理职责；④保证合规负责人和合规管理部门独立性的各项措施，包括确保合规负责人和合规管理人员的合规管理职责与其承担的任何其他职责之间不产生利益冲突等；⑤合规管理部门与其他部门之间的协作关系；⑥设立分支机构合规管理部门或项目部合规管理部门的原则。

（3）合规政策的落实。

①高级管理层：负责贯彻执行合规政策，确保发现违规事件时及时采取适当的纠正措施，并追究违规责任人的相应责任。

②企业职能部门及各项目部：遵循企业合规政策，研究制定本部门或本项目决策和运作的各项制度流程并组织实施，定期对本部门或项目的合规风险进行评估，对其合规管理的有效性负责。

③合规管理部门：作为合规风险的日常管理部门，主要负责识别、评估和监控合规风险，并向管理层和董事会提出合规建议和报告。

4. 合规审核

通过审核，对于外部监督可能发现的问题及时自查自纠，以减少企业损失，避免可能受到的处罚。

合规审核的程序一般包括：制定合规审核机制、合规审核调查、合规审核评价，具体内容见表 7-2。

表 7-2　合规审核的程序及内容

程序	内　容
制定合规审核机制	制订合规审核计划，需要列出审核的目标、步骤和流程。
合规审核调查	合规人员开展内部合规审核时，可能出现内部人员不配合，刻意隐瞒实情的情况，需要合规部门人员进行审核调查，但审核调查手段不能干扰企业或项目的日常运作。
合规审核评价	合规审核工作需要进行阶段性的评估，可以由内部或外部人员进行，最终目的是改进合规部门的工作。

5. 合规审计

企业合规管理职能应与内部审计职能分离。企业审计部门应对企业合规管理的执行情况、合规管理体系的适当性和有效性等进行独立审计。审计部门应将合规审计结果告知合规管理部门，合规管理部门也可根据合规风险的识别和评估情况向审计部门提出开展审计工作的建议。

6. 合规检查

合规检查的主要对象是制度、程序和流程的执行情况，合规检查主要看企业各个层面，特别是施工项目部是否落实了合规要求，检查要点：

一是企业各个层面是否按照相关法律法规和企业章程的规定履行职责，合规记录是否真实、准确、完整，是否按规定存档。

二是合规问题的整改情况及违规责任人的处理情况。

三是风险管理制度是否涵盖了不同风险控制环节。

四是其他需要检查的内容。

7. 合规培训

企业应将合规培训纳入员工培训计划，培训内容随企业内外部环境变化进行动态调整。境外经营相关部门和境外分支机构的所有员工，均应接受合规培训，了解并掌握企业的合规管理制度和风险防控要求。决策层和高级管理层应带头接受合规培训，高风险领域、关键岗位员工应接受有针对性的专题合规培训。合规培训应做好记录留存。合规培训的内容包括但不限于：企业内部的员工守则和各项业务的合规制度、国际商业公约及项目所在国特定的合规要求、境内外合规案例警示教育。

8. 合规汇报、举报与投诉

合规负责人和合规管理部门应享有畅通的合规汇报渠道。合规管理部门应当定期向决策层和高级管理层汇报合规管理情况。汇报内容一般包括但不限于合规风险评估情况，合规培训的组织情况和效果评估，发现的违规行为以及处理情况，违规行为可能给组织带来的合规风险，已识别的合规漏洞或缺陷，建议采取的纠正措施，合规管理工作的整体评价和分析等。

如发生性质严重或可能给企业带来重大合规风险的违规行为，合规负责人或合规管理部门应当及时向决策层和高级管理层汇报，提出风险警示，并采取纠正措施。

企业应根据自身特点和实际情况建立和完善合规信息举报体系。员工、客户和第三方均有权进行举报和投诉。企业应充分保护举报人。

合规管理部门或其他受理举报的监督部门应针对举报信息制定调查方案并开展调查。形成调查结论后，企业应按照相关管理制度对违规行为进行处理。

企业各层级人员对违规行为应有制止的义务，企业应有合规投诉处理的渠道和制度，合规投诉处理的流程为：接收、审议、改进、反馈。合规投诉处理的措施包括：

第一，建立合规投诉渠道。

第二，建立合规投诉的管理办法或处理流程等制度，其中建议含保密、奖励等内容。

第三，规定相关处理极限范围、处理流程与时限等。

9. 合规考核

合规考核应全面覆盖企业的各项管理工作。合规考核结果应作为企业绩效考核的重要依据，与评优评先、职务任免、职务晋升以及薪酬待遇等挂钩。

境外经营相关部门和境外分支机构可以制定单独的合规绩效考核机制，也可将合规考核标准融入总体的绩效管理体系中。考核内容包括但不限于按时参加合规培训，严格执行合规管理制度，积极支持和配合合规管理机构工作，及时汇报合规风险等。

（1）建立考核目标。

企业应在相关部门和各层级建立合规目标作为考核依据。

企业策划如何实现合规目标时，应确定：

· 做什么；

· 需要什么资源；

· 谁负责；

· 何时完成；

· 结果如何评价。

（2）建立员工合规操守考核制。

建立包括合规操守、合规业绩考核在内的绩效管理体系。每年初根据境外企业项目建设和生产经营的实际情况，制定考核指标并与主要负责人签订责任书，采取“月度通报、季度考核、半年小结、年度清算”的考核机制，年底根据完成情况进行考核，合规业绩考核结果与企业工资总额、领导班子成员年薪和领导班子成员任职评价“三挂钩”。通过加强合规绩效考核，充分调动企业合规经营的积极性，促进资产的保值增值。将考核结果纳入年度绩效考核，与绩效工资挂钩，以增强员工合规意识，确保员工日常行为合规。

（3）建立违规问责制度。

对于发现的违规事件，要严格认定和追究违规行为人的责任，并采取有效的纠正措施，及时优化经营管理流程和修订相关规章制度，切实消除违规事件产生的负面影响。

10. 合规评价

企业应定期对合规管理体系进行系统全面的评价，发现和纠正合规管理贯彻执行中存在的问题，促进合规体系的不断完善。合规管理体系评价可由企业合规管理相关部门组织开展或委托外部专业机构开展。

企业在开展效果评价时，应考虑企业面临的合规要求变化情况，不断调整合规管理目标，更新合规风险管理措施，以满足内外部合规管理要求。

（1）建立法律法规及其他要求适用表。

①合规性评价的基础工作是建立适用的法律、法规及其他要求清单。

②合规渊源，包括：

· 立法机构和监管机构的法律、规则和准则；

· 市场惯例；

· 行业协会的行业规则；

· 内部职员行为准则；

· 诚实守信和道德行为准则。

③合规渊源的获取渠道。

（2）建立法律法规及其他要求合规性评价表。

建立法律法规及其他要求合规性评价表的原则和方法。

（3）进行合规性评价。

①归口管理部门；

②评价频次；

③评价人员；

④评价依据；

⑤评价内容；

⑥评价记录；

⑦不合规处置。

（4）提出改进方法。

①企业合规性评价和改进建议表。

②撰写企业规章制度的修改建议书，应注意：

· 如果企业的规章制度体系文件与现行的法律法规有冲突，则必须对规章制度体系进行修改；

· 应通过与有关部门的沟通，了解企业规章制度这样规定的原因，并探讨有无可能提出既合乎技术原理又合乎法律法规的方法；

· 在建议书中，必须写明既有文件的哪一部分与法律法规存在冲突，并给出修改意见。

四、合规管理中的风险控制方法

合规风险是指企业或其员工因违规行为遭受法律制裁、监管处罚、重大财产损失或声誉损失以及其他负面影响的可能性。

合规管理部门应深入调查，梳理各操作岗位的工作规程，研究各岗位原有的内控风险、管理体系风险及法律风险，针对各环节隐藏的或者有可能发生的合规风险进行系统排查，并梳理成全面的合规管理风险。参照国家的法律法规、有关政策和行业标准规范，结合企业实际运营的情况，整理各业务领域需要遵守的法律法规和其他标准，结合上述排查的合规管理风险，细化业务操作标准，量化要求。之后，强调风险提示，列出哪些岗位会出现风险操作、风险级别、业务流程环节中容易出现风险的操作点以及风险控制措施，以便于业务操作人员在工作中能够有意地避开风险操作点，增强风险意识，加强自身责任感。这是企业达成合规要求，实现合规经营的根本策略。

整个风险管理过程是一个闭环系统（见图 7-1），随着风险应对策略的实施及风险监控过程中内外部环境或工作内容的变化，风险会出现许多变化。这些变化的信息可及时反馈，新的风险识别就能及时对新情况进行风险评估和分析，从而调整并实施风险应对策略。这样循环往复，保持风险管理过程的动态性，就能达到风险管理的预期目的。

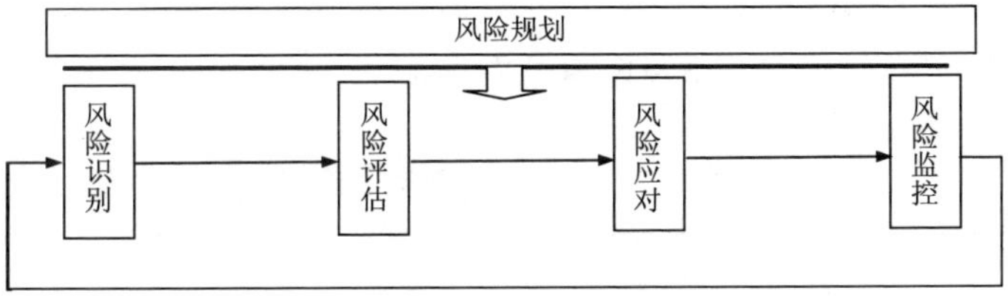

图 7-1　企业风险管理的全过程

（一）风险规划

风险规划是定义如何实施合规风险管理活动的过程，合规部门应该根据企业的业务类型、实施环境和人员特点，制订风险管理规划文档，即风险管理计划。该计划要与业务内容（如所承包的项目类型、项目战略优先级等）对企业和其他相关方的重要程度相匹配，其中特别需要注意的是业务（如工程项目承包）实施过程中关键相关方（如工程所在地政府、业主及企业自身领导层）对合规风险的容忍程度。

风险规划的内容应包括：

①确定合规风险管理的领导者和团队，明确其职责；

②确定合规风险管理活动所需资金及应急储备和管理储备的使用方案；

③确定在项目生命周期中实施合规风险管理过程的时间和频率；

④确定合规风险的分类方式和风险分解结构；

⑤记录各相关方的风险偏好度和风险临界值；

⑥根据具体的项目对风险的概率和影响进行定义；

⑦风险登记册、风险报告以及项目风险管理过程中的文档要求和内容格式等。

合规风险管理活动应纳入日常工作范畴，是合规管理工作的最重要组成部分。同时，企业应在合规风险规划阶段对各类相关人员做好合规培训工作。培训对象及内容见表 7-3。

表 7-3　合规培训对象及内容

序号	培训对象	培训内容
1	企业高层、高级合规官	如何建立企业合规管理体系
2	合规管理团队成员	合规管理团队的职责、应知应会等
3	从事境内经营的工程建设企业所有人员	境内合规要求、制度
4	从事境外经营的工程建设企业所有人员	境外合规要求、制度

可采取现场培训、书面培训、网络培训相结合的形式，由合规管理部门制订年度合规培训计划，由各业务部门提出培训需求，以工作的实际需要为出发点，与岗位紧密结合，根据年度培训计划、国家政策法规的变化及企业业务发展需要实施培训，有计划、有目的地组织

各种形式的合规培训，强化合规经营理念。

（二）风险识别

企业应当建立必要的制度和流程（风险规划），识别新的和变更的合规要求。企业可围绕关键岗位或者核心业务流程，通过合规咨询、审核、考核和违规查处等内部途径识别合规风险，也可通过外部法律顾问咨询、持续跟踪监管机构有关信息、参加行业组织研讨等方式获悉外部监管要求的变化，识别合规风险。

企业境外分支机构可通过聘请法律顾问、梳理行业合规案例等方式动态了解掌握业务所涉国家（地区）政治经济和法律环境的变化，及时采取应对措施，有效识别各类合规风险。

企业的合规风险识别工作应在整个经营过程中持续开展，并根据环境和业务特性的变化不断更新风险内容。

具体工程项目上的风险识别应以企业已识别的合规风险为基础，结合项目特性、所在地的环境（包含自然环境、社会环境、管理环境和作业环境）等因素，在合规管理部门的配合下，一同开展合规风险的识别。

可使用头脑风暴、核对单、访谈收集与风险相关的信息，通过根本原因、假设条件和制约因素、各种文件和 SWOT（优势、劣势、机会和威胁）等分析风险及其来源，召开专门会议讨论和完善风险的识别。具体识别风险的方法见表 7-4。

表 7-4　常见风险识别方法

名称	方式	说　明
调查法	访谈	约访专家、工程管理人员，或通过实地观察走访等识别潜在的风险。
	专家会议讨论	通过成立风险管理专家小组，召开会议，利用其专业知识和经验识别潜在的风险。
头脑风暴法	自由联想讨论	组织一群人自由联想、讨论，发表自己的观点或看法，互不强制干预对方。
核查法	核查表	将之前相似项目发生过的风险归纳总结列成清单，核查拟建项目是否存在该类风险。
分解法	工作分解法（WBS）	将复杂的整体工程进行系统分解（单项工程-单位工程-分部分项工程-工序），分析潜在的风险和损失。
	风险分解法（RBS）	将整个工程的风险从不同的方面或层次分类，再将大类风险分解为具体的子风险。
	WBS-RBS	将复杂的工程工作和风险分别分解成简单、易于理解的基本单元，再将其耦合形成 WBS-RBS 矩阵，找出可能的风险因素。
情景分析法	场景假设	设想同一环境不同情境下可能出现的风险和其带来的损失。
假设条件和制约因素分析	实施条件审查	每个项目及其项目管理计划的构思和开发都基于一系列的假设条件，并受一系列制约因素的限制。开展假设条件和制约因素分析，来探索假设条件和制约因素的有效性，确定其中哪些会引发风险。从假设条件的不准确、不稳定、不一致或不完整，可以识别出威胁，通过清除或改变会影响项目或过程执行的制约因素，可以创造出机会。

续 表

名称	方式	说　明
流程图法	流程图	将项目划分为连续的作业流程，再将各个作业流程划分为若干个具体板块，分析各板块中潜在的风险。
SWOT 分析	多维度进行分析	项目的优势、劣势、机会和威胁（SWOT）进行逐个检查。
文件分析	历史资料分析	通过对企业或项目以往文件的结构化审查，可以识别出一些风险。可供审查的文件包括计划、假设条件、制约因素、以往项目档案、合同、协议和技术文件。

1. 合规风险识别的领域

企业识别、分析和评估合规风险可以从重点领域、重点环节、重点人员三方面考虑。

重点领域：市场交易、商业伙伴、安全环保、施工质量、劳动用工、财务税收、知识产权、反腐、诚信与反贿赂。

重点环节：重要决策事项事前合规审查。境外施工重大决策、重大合同、大额资金管控、境外子企业公司治理等。

重点人员：管理人员、高风险岗位、海外人员。

2. 合规风险识别的框架

全面识别合规风险的一个良好方法是通过风险分解（RBS）建立合规风险识别框架。

合规风险 RBS 建议，参见表 7-5。

表 7-5　不同类型风险需合规的内容或风险点

类　别	需合规的内容或风险点
国际条约、惯例和协议合规风险 相关的规定主要来自联合国（UN）、国际劳工组织（ILO）、世界知识产权组织（WIPO）、国际标准化组织（ISO）、社会责任国际（SAI）、国际商会（ICC）、世界银行（WB）、石油输出国组织（OPEC）等	· 合同管理：FIDIC 条款、NEC 合同条款、JCT 合同条款、AIA 系列合同条件等； · 劳工权利：《国际劳工组织宪章》、《建筑业安全和卫生建议书》、《1990 年夜间工作公约》、SA 8000 等； · 知识产权：《保护工业产权巴黎公约》《专利合作条约》《世界版权公约》等； · 环境保护：《生物多样性公约》《控制危险废物越境公约》《联合国气候变化框架公约》《巴塞尔公约》等； · 财务报告：《COSO 全面风险管理框架》《COSO 内部控制整合框架》等； · 国际贸易：《国际贸易术语解释通则》《商业跟单信用证统一惯例》等； · 诚信与反贿赂：《世界银行诚信合规指南》《海外反腐败法》等； · ……
国家（地区）性合规风险	· 美国的《海外反腐败法》《针对机构实体联邦量刑指南》《萨班斯-奥克斯利法案》； · 美国的“长臂管辖”司法判例 ； · 所在国出于国家安全和国家利益作出的行政决定；如美国把华为公司列入出口管制“实体名单”； · 所在国及地区出入境相关规定； · 驻所在国使领馆的规定和要求； · ……

续　表

类　别	需合规的内容或风险点
宗教、文化和习俗合规风险	·基督教； ·伊斯兰教； ·佛教； ·当地的其他教派和习俗； ·……
国内施工企业涉及的主要法律、法规合规风险	1. 法律 《中华人民共和国建筑法》《中华人民共和国安全法》《中华人民共和国消防法》《中华人民共和国合同法》《中华人民共和国招标投标法》《中华人民共和国土地管理法》《中华人民共和国城乡规划法》《中华人民共和国环境保护法》《中华人民共和国环境影响评价法》《中华人民共和国保险法》《中华人民共和国劳动法》等。 2. 行政法规 《工程建设质量管理条例》《工程建设安全生产管理条例》《工程建设勘察设计管理条例》《中华人民共和国土地管理法实施条例》等。 3. 部门规章 《工程监理企业资质管理规定》《注册监理工程师管理规定》《工程建设监理范围和规模标准规定》《建筑工程设计招标投标管理办法》《房屋建筑和市政基础设施工程施工招标投标管理办法》《评标委员会和评标方法暂行规定》《建筑工程施工发包与承包计价管理办法》《建筑工程施工许可管理办法》《实施工程建设强制性标准监督规定》《房屋建筑工程质量保修办法》《房屋建筑工程和市政基础设施工程竣工验收备案管理暂行办法》《工程量清单计价规范》《工程建设施工现场管理规定》《建筑安全生产监督管理规定》《工程建设重大事故报告和调查程序规定》《城市建设档案管理规定》《增值税暂行条例实施细则》等。

续 表

类 别	需合规的内容或风险点
国内外行业专业技术合规风险	指针对不同的行业、不同质量控制对象制定的专业技术规范文件。包括规范、规程、标准、规定等，如：工程建设项目质量检验评定标准，有关建筑材料、半成品和构配件质量方面的专门技术法规性文件，有关材料验收、包装和标志等方面的技术标准和规定，施工工艺质量等方面的技术法规性文件，有关新工艺、新技术、新材料、新设备的质量规定和鉴定意见等。
企业内部制度和流程合规风险	· 公司章程； · 公司制度和业务流程； · 工艺流程和操作手册； · ……

全面风险识别 RBS 建议，详见表 7-6 至表 7-17。

表 7-6　境外工程建设企业全面风险识别框架（RBS 0 级）

序号	层 次	风险类型
1	国家层面	经济风险、政治风险、社会风险、自然风险、法律风险。
2	项目层面	招投标风险、设计风险、施工风险、采购风险、业主方风险。
3	企业层面	融资风险、资金风险、组织结构风险、人力资源管理风险。

表 7–7　国家层面：经济风险清单（RBS 1~2 级）

序号	风险因素	风险源
1	经济发展	所在国经济 GDP 总量及发展趋势如何？经济产业结构是怎样的？经济发展规划和政策有哪些？
2	通货膨胀	所在国通货膨胀率是多少？是否得到有效控制？发展趋势如何？国家的货币政策如何？
3	政府财政和债务	政府财政收入、来源及占比是多少？政府财政收支情况如何？政府外债与内债情况如何？政府外汇收入、来源及储备情况如何？
4	市场竞争	政府投资和私人投资情况如何？市场竞争激烈情况如何？市场竞争者来自哪些国家？中国企业的市场份额、分布领域和竞争优势怎样？
5	汇率变化	所在国采用何种货币？是否是国际货币？与美元的兑换比率是否稳定？汇率的发展趋势怎样？
6	外汇管制	所在国是否是外汇管制国家？所在国的外汇储备怎样？外汇管制的对象是哪些？外汇管制的范围有哪些？
7	华人经济团体影响	所在国是否存在华人商会或经济团体？这些商会团体对所在国经济的影响力如何？与当地政府和社会组织团体的关系如何？
8	商业银行合作	所在国的主要商业银行有哪些？银行的资信、业务及收费、效率情况如何？外国人可否开立银行账号和可办理的业务情况有哪些？

表 7–8　国家层面：政治风险清单（RBS 1~2 级）

序号	风险因素	风险源
1	政治制度	所在国政治体制是哪种（民主共和制/君主立宪制）？所在国民主程度如何？是否存在以及多大程度的独裁？政治权力在各组织机构之间如何划分？

续　表

序号	风险因素	风险源
2	政党及政策	所在国的政党情况如何？是一党制、两党制还是多党制？主要政党有哪些？主要政党对国家政策和政治权利的影响怎样？执政党及其他政党对华态度怎样？
3	国家信誉	所在国的国际信誉如何？是否有国家信用评级？评级情况如何？
4	政府腐败	所在国政府廉洁情况如何？腐败行为严重程度如何？政府是否就腐败问题采取打击措施？政府打击力度和决心怎样？
5	政策连续性	国家政策是否稳定？近几届政府更迭过程是否稳定？新政府对原政府行为（各项政令及外交政策）继承是否完整及政策是否稳定？
6	政局稳定性	国家政局是否稳定？影响国家政局稳定的主要因素有哪些？
7	战争或内乱	所在国是否存在反政府武装或恐怖组织？其破坏活动近年来是否频繁？国家是否已采取军事行动？未来的安全形势会如何？
8	国家关系	所在国周边国家政局是否稳定？其与周边国家关系如何？国际上有无敌视国？中国在该国是否设有大使馆？其与中国合作情况如何？
9	舆论风险	我方在项目所在国设立的机构是否建立了舆情监控机制？
10	工程协会	所在国是否存在工程协会？工程协会的作用及其对市场的影响如何？
11	紧急事故应对	我方在所在国设立的机构是否建立了紧急情况的应对机制？包括哪些具体的应急保障措施？

续 表

序号	风险因素	风险源
12	项目安保	我方在所在国设立的机构是否建立了安全保障管理制度？当地是否有专业的安保公司？费用如何？当地政府可否提供安保力量？
13	市场歧视	建筑市场对外国承包商的态度如何？中资企业在当地受欢迎程度如何？

表 7-9　国家层面：社会风险清单（RBS 1~2 级）

序号	风险因素	风险源
1	民族冲突	所在国有多少民族？各民族之间的关系如何？主要民族占人口比例及其对国家政治、社会的影响？
2	宗教冲突	所在国有无宗教信仰？具体信仰哪些宗教？宗教之间的关系如何？宗教对国家政治、社会、文化等的影响程度如何？
3	风俗禁忌	所在国有哪些风俗习惯？禁忌有哪些？
4	法定假日	所在国有哪些法定节假日？法定假日多不多？节假日如何分布？
5	劳工素质	社会教育体系是否完善？教育是否普及？公民受教育程度如何？
6	交流障碍	所在国官方语言是什么？较为通行的外国语言有哪些？
7	医疗卫生	所在国医疗保障体制是否健全？医疗水平和伤病费用成本如何？
8	社会治安	社会治安状况如何？偷盗、抢劫等暴力犯罪率高不高？

表 7-10 国家层面：法律风险清单（RBS 1~2 级）

序号	风险因素	风险源
1	法制差异	所在国属于英美法系、大陆法系还是其他法系？
2	法制不健全	所在国的国家立法程序如何？法制是否健全？基本法律有哪些？法律法规调整是否频繁？
3	公民法律意识	当地法律文件是否易于获取？公民法律意识怎样？公民犯罪率如何？
4	执法风险	所在国执法部门法律执行力度如何？执法是否公正？
5	司法风险	司法环境如何？司法是否公正？司法效率如何？诉讼成本如何？
6	国际法约束	是否与中国签订双边或多边条约？是否共同加入某种国际组织？
7	公司法风险	所在国关于公司设立及治理的相关法律法规有哪些？主要规定是怎样的？
8	进口管理	所在国对进口程序和手续有哪些规定？海关检查是否严格？清关效率怎样？
9	外籍劳务限制	所在国关于外籍劳务的法律法规有哪些？是否对外籍劳务有明确的限制？外籍劳务需要办理哪些签证和手续？
10	外商投资法	所在国关于外商投资的法律法规有哪些？主要规定是怎样的？
11	投标法规	所在国关于投标的法律法规有哪些？主要的规定是怎样的？
12	合同法	所在国关于合同的法律法规有哪些？主要的规定是怎样的？
13	劳动法	所在国关于劳动关系、职业安全健康的法律法规有哪些？主要的规定是怎样的？对工人加班的时间和费用有何规定？

续 表

序号	风险因素	风险源
14	税法风险	所在国关于税收制度的法律法规有哪些？主要规定是怎样的？税率如何？对外国承包商有无优惠？税法是否定期修改？
15	环保法	所在国关于环境保护的法律法规有哪些？主要规定是怎样的？对于破坏环境行为的惩罚是怎样的？
16	企业资质管理	所在国关于建筑企业资质管理的法律法规有哪些？主要的规定是怎样的？资质分为几类几级？资质申请的程序和所需的材料有哪些？
17	工程纠纷管理	所在国关于诉讼、仲裁等争议解决方式的相关法律法规有哪些？主要的规定是怎样的？
18	所在国仲裁机构	所在国仲裁机构有哪些？这些机构的国际影响力、公正性、收费情况如何？
19	国际仲裁有效性	所在国是否为纽约公约成员？外国仲裁裁决在该国承认和执行情况如何？
20	法律资源获取	所在国的法律资源如何？有无国际知名律所？本国律师的水平和能力怎样？律师收费如何？该国有无知名的工程咨询专家和税务顾问专家？

表 7-11　国家层面：自然风险清单（RBS 1~2 级）

序号	风险因素	风险源
1	自然灾害	所在国自然灾害现象（地震、洪灾、旱灾、火山、台风等）是否严重？是否常年缺水？
2	气候恶劣	全年降雨量和气温如何？是否有明显的旱季和雨季？雨季和旱季分别是哪些月份？夏季的最高平均温度和冬季的最低平均温度是多少？

续 表

序号	风险因素	风险源
3	水文地质	所在国的地形地貌如何？水文地质条件是否复杂？
4	传染疾病	所在国是否为传染疾病高发区？主要的传染疾病有哪些？病情是否得到有效控制？公民的疾病防范意识如何？
5	生态保护	所在国是否注重对生态的保护？项目是否经过生态保护区？

表 7-12　项目层面：招投标风险清单（RBS 1~2 级）

序号	风险因素	风险源
1	投标程序	建筑市场投标的基本程序是什么？公正性如何？外国企业投标需要做哪些准备？
2	投标政策	所在国对本国企业和外国企业投标的政策是否不一样？具体政策是怎样的？
3	业主手续	业主的行政审批手续是否齐全？
4	工程量和工程范围	合同中关于工程项目内容描述是否清楚？是否存在可凭借推测和想象而导致工作范围扩大的成分？工程量是否有清单？
5	合同报价	合同计价方式约定是否明确？是固定总价合同还是可调总价合同？合同中有无关于价格调整方式的条款？合同价格包含的风险费是否足够？
6	融资要求	合同中是否要求承包商融资？融资额度是否超过企业规定标准？
7	保函担保	业主是否要求承包商提供保函担保？需要提供哪些保函？保函失效、失效条件及担保金额约定是否明确？
8	预付款约定	合同中是否约定工程预付款？预付款的比例是多少？预付款支付形式是什么？

续 表

序号	风险因素	风险源
9	进度款支付约定	合同中是否约定工程进度款的审批及支付时限？进度款的支付方式是什么？是否约定发包人未按时支付工程进度款的违约责任？
10	工程尾款支付约定	合同中是否约定工程尾款的审批和结算时限？工程尾款的支付方式是什么？是否约定发包人未按时支付工程尾款的违约责任？
11	质保金支付约定	合同中是否约定质量保修期和期满后工程质量保修款的清算和支付时限？
12	竣工结算约定	合同中是否约定工程竣工验收的条件？是否明确规定竣工结算审核单位和审核时限？是否约定中间结算和结算时限？
13	付款形式	合同工程款结算的币种有哪些？业主以何种方式付款？
14	工程变更	是否约定工程变更、洽商、签证价款的审批和支付时限？
15	违约赔偿	合同对双方违约的责任是否作出明确的规定和量化？是否约定赔偿的条件和形式？
16	条款不平等	业主是否特意将自身承担的风险定义模糊化？风险范围是否缩小？是否将一些不可抗风险全部强加给承包商？
17	条款不严谨	合同对一些重要性条款有没有清晰的定义？规定是否详细？前后是否存在矛盾？
18	合同条款误解	合同条款翻译是否正确？双方就条款的理解是否进行沟通并达成一致？
19	业主免责	合同条款关于业主责任的要求是否明确？有无具体的制约措施？

表 7-13　项目层面：设计风险清单（RBS 1~2 级）

序号	风险因素	风险源
1	设计标准	业主要求使用的设计标准规范是哪些？是中国标准、欧美标准还是所在国自身标准规范？设计分包商对国外标准规范的熟悉程度？
2	设计技术	设计院或分包商的资质如何？是否做过海外工程的设计？设计团队人员组成结构是否合理？设计人员的设计经验如何？
3	设计资料	业主提供的资料信息是否真实、完整，有无及时更新？承包商是否亲自到项目现场勘察过？勘察资料的深度和广度是否满足设计要求？
4	设计方案	承包商是否深入研究业主提出的技术指标和要求？设计方案是否合理？业主是否会因喜好任意要求承包商改变设计方案？业主对设计方案的审批效率如何？
5	设计变更	设计分包商是否正确理解业主的概念要求？业主对项目的要求是否一次性交代清楚？
6	衔接风险	设计部门的时间安排是否合理？与采购部门、施工部门工作的衔接是否顺畅？

表 7-14　项目层面：采购风险清单（RBS 1~2 级）

序号	风险因素	风险源
1	本地材料设备供应	所在国有无项目所需的材料设备？当地材料的质量能否达到项目要求？当地的材料生产能力和设备生产效率能否满足项目的需求？材料和设备的价格怎么样？
2	材料设备采购计划	各种材料和设备的采购来源是否合理安排（当地、中国还是第三国）？每次材料采购数量是否经济？采购计划是否合理和灵活？

续 表

序号	风险因素	风险源
3	供货商供货	供货商的信誉情况怎么样？供货数量和质量是否有保障？能否及时供货？供货规格是否与项目匹配？售后服务怎么样？
4	物流运输	物资运输形式和成本如何？运输速度和安全性如何？货物运输损耗大不大？清关手续是否复杂？货物是否在所在国进口管制名单内？
5	物价上涨	材料设备价格是否上涨？跨国采购时货币汇率是怎样的？
6	采购报价	业主是否指定供货商？供货商的数量是多少？承包商询价是否方便？供货商报价是否合理？供货商会不会坐地起价？

表 7-15　项目层面：施工风险清单（RBS 1~2 级）

序号	风险因素	风险源
1	施工技术	技术交底是否清楚？施工工艺是否落后？专项施工方案是否得到论证以及效果如何？有无采用新工艺和技术？
2	安全措施	现场安全措施是否到位？执行力如何？是否安排专职安全巡视员？
3	施工人员管理	施工人员素质如何？施工人员是否服从安排？施工人员是否会盗窃材料设备？施工人员是否会集体要求涨薪或罢工？施工人员是否接受加班安排？
4	分包商管理	分包商之间的施工界限是否清晰？分包商进场安排是否合理？与分包商之间的沟通是否顺畅？有无做好各分包商之间的协调？
5	材料设备管理	现场材料设备是否有专人看管？设备的保养怎样？材料的进场是否及时？设备之间的调度是否协调？

续 表

序号	风险因素	风险源
6	基础设施	施工现场供水供电是否充足？交通方不方便？
7	施工组织	施工方案是否可行？施工进度计划是否科学？施工现场平面布置是否合理？
8	施工影响控制	施工过程中有无注意保护周围的生态环境？有无干扰到周围居民的生活？有无对周围建筑和地下管线造成影响？
9	劳工流动	当地的劳工是否充足？劳工的流动性大不大？
10	技术文件翻译	公司是否拥有既会说当地语言又懂工程技术的人才？技术文件的翻译与原文贴近程度如何？
11	项目目标管理	项目目标分工是否明确？是否制定严格的项目目标管理体制？项目目标管理计划是否严格执行？

表 7-16　项目层面：业主方风险清单（RBS 1~2 级）

序号	风险因素	风险源
1	业主支付不及时	业主拖欠工程进度款和竣工结算款的情况？业主对承包商的请示回复情况？
2	业主干预	业主是否强行干预项目的管理？发出一些不合理的指令？
3	需求变更	业主会否因经济问题减少项目工作量或范围？业主是否要求承包商执行合同规定之外的工作？

表 7-17　企业层面：企业风险清单（RBS 1~2 级）

序号	风险因素	风险源
1	融资风险	企业的融资能力如何？融资渠道有哪些？融资是否得到国家支持？

续　表

序号	风险因素	风险源
2	资金短缺	企业的资金运转是否正常？是否有足够的资金维持垫资施工？
3	人力资源管理	企业雇佣当地员工和国内员工的规划是否合理？员工的培训计划和费用如何？薪酬制度是否透明公正？
4	企业内部组织管理	企业的管理团队是否团结？内部是否拉帮结派？与当地建筑企业是否存在腐败交易？管理人员结构安排是否合理？各自的责任与权力是否明确？
5	组织结构	企业项目组织机构采用何种形式？机构设置是否合理？

3. **风险识别的结果**

风险识别的最终的成果是建立风险登记册，记录已经识别的风险、潜在的风险责任人和潜在的风险应对措施。

（三）风险评估

风险评估是指根据工程所处的环境，风险管理人员应用统计、概率分析等方法对已识别风险的发生概率和影响进行综合分析的过程。其主要目的是对风险进行优先级排序，筛选出重点关注的高优先级风险。

企业应通过考虑不合规的原因、来源、后果的严重程度及其后果发生的可能性进行合规风险评估。后果包括（不限于）：个人和环境伤害、经济损失、声誉损失和行政责任等。

企业可根据企业的规模、目标、市场环境及风险状况确定合规风险评估的标准和合规风险管理的优先级。

企业进行合规风险评估后应形成评估报告，供决策层、高级管理层和业务部门等使用。

风险具有动态性、紧迫性、临近性、潜伏性、可控性、连通性、可监测性、可管理性、不确定性、相对性、突发性等众多特性。传统的风险评价方法大都认为风险度为风险发生概率 P 与风险损失 I 的乘积，即 $R=P\times I$ 。这种分析方法仅从概率和损失两个维度来评价风险，不能全面反映风险的发生过程和规律，可能会导致错误的结果。有必要将风险分析从两维向三维甚至多维拓展，也就是除了考虑风险发生的概率和风险损失，还须考虑风险的可控性、紧迫性、临近性等风险特性指标，用风险特征向量表示如下：

$R=(R_1,R_2,R_3,R_4,R_5\cdots)$ =（概率、损失、可控、紧迫、临近……）

风险各评价维度的具体含义如下：

发生概率：风险在工程全过程中发生的可能性大小。

损失：风险发生后影响工程进度、质量、成本等目标而造成的损失，以及连带给企业的经济损失、声誉损失和行政责任等。

紧迫性：为有效应对风险而必须采取应对措施的时间段。时间短就说明紧迫性高。

邻近性：风险在多长时间后会影响一项或多项项目目标。时间短就说明邻近性高。

可管理性：风险责任人（或责任组织）管理风险发生或影响的容易程度。如果容易管理，可管理性就高。

可控性：风险责任人（或责任组织）能够控制风险后果的程度。如果后果很容易控制，可控性就高。

可监测性：对风险发生或即将发生进行监测的容易程度。如果风险发生很容易监测，可监测性就高。

连通性：风险与其他风险存在关联的程度大小。如果风险与多个其他风险存在关联，连通性就高。

战略影响力：风险对组织战略目标潜在的正面或负面影响。如果风险对战略目标有重大影响，战略影响力就大。

密切度：风险被一名或多名相关方认为要紧的程度。被认为很要紧的风险，密切度就高。

值得说明的是，并不是每一个风险特性都需要考虑，除概率和损失外，其他的特性根据项目的情况进行选择，并设定相应的权重。各项评分应由经验丰富的专家进行打分，评分的标准应在风险规划中设定，多位专家的多重评分会显著提高风险评估的准确性。表 7-18 是风险评估模型示例。

表 7-18　风险评估模型（示例）

风险 10 分制	维度	概率	损失	可监测性	紧迫性	…	综合 评分	优先级
	权重	30%	30%	5%	5%	…		
风险 A	—	9	8	8	8	…	8.3	1 级
风险 B	—	7	8	5	6	…	6.5	3 级
	…							

（四）风险应对

企业应建立健全合规风险应对机制，对识别评估的各类合规风险采取恰当的控制和处置措施。发生重大合规风险时，企业合规管理机构和其他相关部门应协同配合，依法及时采取补救措施，最大程度降低损失。必要时，应及时报告有关监管机构。

合规风险的应对主要从五个大方面考虑，即风险上报、风险规避、风险减轻、风险接受和风险转移。详见图 7-2。

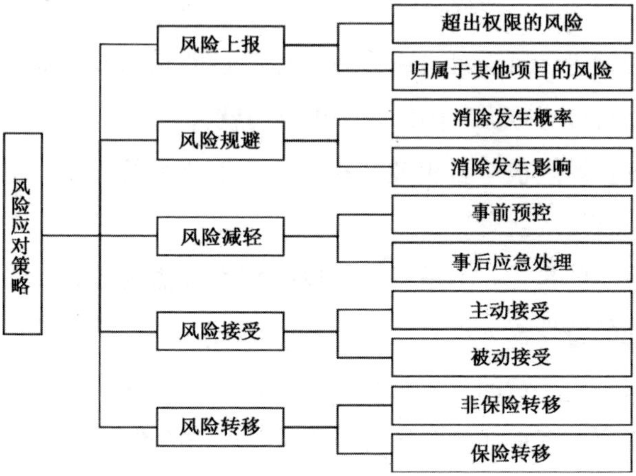

图 7-2　风险应对方案框架图

1. 风险上报

如果某风险不在职责范围内，或提议的应对措施超出了责任人能力或权限，就应该采用上报策略。被上报的风险将在相应的相关部门加以管理。而风险责任人确定应就风险通知哪些人员，并向该人员或组织部门传达关于该风险的详细信息。

上报策略带来的好处是能在更高层次进行统筹管理，能调动更多的资源来响应风险。合规管理人员应该充分意识到上报并不是责任推诿，也更应清楚地意识到如果在超出职权能力范围内自行管控风险或是瞒报而导致风险没有得到及时有效处理，都将导致最终的失控。

2. 风险规避

风险规避是指采取行动来消除威胁，避免受威胁的影响。规避策略其应对的核心是“阻断”，即把概率降低到零；或者风险发生了，主体也会受保护而不受影响。

某些合规风险发生概率和损失都很大，但又没有经济有效的措施来减小风险，合规管理人员就应该采取放弃项目或原计划，或者改变目标，避免损失。

采取风险规避策略常须同时满足以下三点：

一是对合规风险要有足够的认识和把握。

二是该风险发生的概率很高，带来的后果很严重。

三是采用其他应对策略的代价超过风险所带来的经济效益，只有采取风险规避才能将项目损失降到最低。

但运用该策略时也须认识以下三点：

一是风险是始终都存在的，规避这个风险可能会面对另外一个新的风险。

二是规避风险也就丧失了从该风险中获取利益的机会。

三是风险规避要把握最佳时机，当断则断。

正如上所述，在采取规避策略的时候，往往需要付出相对较大的代价，因此在制定策略的时候需要考虑经济性和可行性的权衡，如果无法完全规避，可以考虑强化其他策略。

3. 风险减轻

风险减轻是指采取措施来降低威胁发生的概率和（或）影响，最终使风险在可控范围内。当风险应对目标是只需可防可控时，或对于需要完全消除风险（高风险），但因风险特性或其他因素无法采取规避措施时，优先采用减轻策略。

采取减轻策略，在制订具体应对方案时，从决定风险严重性的因素入手，通过强化过程控制来降低概率和损失。

减轻策略一般包括事前控制和事后控制。事前控制是指通过制订防范性措施来降低风险事件发生概率的行为，分为有形的和无形的。

有形的措施如高空作业人员必须系安全带，脚手架挂安全网；进场人员须戴安全帽；易燃易爆材料远离办公场所等。无形的措施如对现场工作人员进行风险教育，制定严格的风险管理制度，采取多种货币结算方式等。事后控制是指通过制定应急处理计划来尽量减小风险事故所造成的损失或抑制事故进一步发展的行为。相应的措施如调整施工进度和材料设备采购计划；准备索赔证据，计算索赔金额，递交索赔报告；查看项目资金链运转状况，调整融资计划等。

4. 风险接受

风险接受，又称为风险自留。风险接受是指承认风险的存在，事前不主动采取措施，因此它不改变风险的概率和损失，是依靠自身的力量来承担风险事故损失的行为。此策略可用于低优先级威胁，也可用于无法以任何其他方式加以经济有效应对的威胁。对于采用接受策略（暂时不管它）的风险，有两种建议，一是为它建立应急储备，包括预留时间、资金或资源以应对出现的威胁；二是定期审查，确保其并未发生重大改变。

5. 风险转移

转移涉及将应对威胁的责任转移给第三方，让第三方管理风险并承担威胁产生的影响。采用转移策略，通常需要向承担威胁的一方支付风险转移费用。购买保险、使用履约保函、使用担保书或保证书是转移的最常见手段。

该行为并不能减小风险发生的概率和损失，而只是将风险损失转移给最有能力承担或控制的其他组织或个人。一般分为保险转移和非保险转移。

保险转移是指项目主体通过购买工程保险来将风险转移给保险公司。常见的保险转移措施有：建筑工程一切险、安装工程一切险、社会保险、车险、汇率险等。

非保险转移是指项目主体通过签订合同将风险转移给对方。该方法能够转移那些不可投保但被转移者长于该类风险管理的风险。但要注意被转移者的财务能力，一旦无法承受风险带来的损失而破产，那么最终的损失仍由转移者承担。此外为确保风险转移的顺利落实，在合同中须明确规定双方的权利与责任。常见的非保险转移措施有：工程分包、转包、担保、出售；技术转让；设备租赁；免责合同等。

（五）风险监控

监控风险是在整个项目期间，监督商定的风险应对策略的实施、跟踪已识别风险、识别和分析新风险，以及评估风险管理有效性的过程。

由于在项目实施过程中合规风险是不断变化的，企业应落实监控措施，管理合规义务和对应的合规风险，实现预期的行为。

采取有效的监控措施确保满足合规义务，能够预防或发现不合规事件并纠正。充分而严格地设计各类、各层次的监控措施，以促进企业的活动和运行环境实现合规义务。

比如，控制包括：

· 清晰、实用并易于遵循的文件化运行方针、程序、过程和操作指示；

· 系统和异常报告；

· 审批；

· 划分有冲突的角色和职责；

· 自动化过程；

· 年度合规计划；

· 员工绩效计划；

· 合规评估和审核；

· 管理层的承诺和促进合规行为的其他措施；

· 对预期的员工行为（标准、价值观和行为准则）进行主动、公开且经常的沟通。

风险监控方法如下：

· 风险审计：专人督察风险监控机制的执行情况，并定期对风险执行过程进行审核。

· 风险审查会：定期召开合规风险的审查会，来检查和记录风险应对策略的有效性。在风险审查中，还可以识别出新的合规风险，并及时制定应对措施。

· 技术指标分析：比较计划技术指标与实际技术指标之间的差异。

· 风险预警监督：度量项目在运作过程中某指标偏离预警线的强弱程度、发出预警信号并提前采取防范措施。

结 语

开展境外经营是中国企业实现企业发展战略，参与“一带一路”建设，推进中国与世界各国互利共赢的重要方式。强化合规经营意识是企业海外经营行稳致远的前提。

不论国内还是国外，廉洁、合规都已成为世界范围内对企业的基本要求，国际机构以及国家、行业组织等各个层面的监管力度都将越来越大，企业依法合规经营已经成为当今企业治理的国际趋势。中国的工程建设企业也应当积极顺应国际趋势，认识到建立合规制度、强化合规监管的重要性，努力建设和实施符合国际标准的合规经营制度。

我国工程建设企业在“走出去”过程中，因不合规被处罚的案例比比皆是，而在海外失败项目中的经验教训，往往具有很高的相似度。“屁股出去了，脑袋还留在国内”，这十分形象而深刻地概括了合规问题的成因。我国工程建设企业在国内市场的技术、工期等方面创造了一系列的工程奇迹，但是我们必须清楚地认识到，这些“奇迹”的产生是依赖中国这个得天独厚的市场环境，占尽“天时、地利、人和”，一旦脱离了这个熟悉的市场环境，丧失了赖以创造“奇迹”的土壤，中国承包商很难复制“中国速度”。

我国工程建设企业在几十年“走出去”的过程中所形成的经验，往往是以高成本作为代价的。而用高成本换来的境外工程经验，又常常是低效率的。一方面，获得经验的往往是个人，而个人的经验很难转化为组织合规体系的一部分，常常出现“人走了，经验也被带走了”的怪现象。然后，企业又不得不重新开始“交学费”和积累教训，很少能够像成熟的国际承包商那样，及时把经验和教训总结、固定下来，形成失败项目的案例库。另一方面，我国“走出去”的工程企业之间难以建立有效的沟通交流机制，个别企业的经验教训难以成为整个行业的共同财富。如果不能突破这种重蹈覆辙的恶性循环，我们所付出的“学费”会更加惊人。

因此，我们编制了本书，该书是境外合规经营的经验总结，期望能通过我们的努力，把大家的经验串联起来，能使境外经营人员及企业，对境外各国的经营方式及合规要求有总体的了解；同时，希望通过本书，加强企业对合规意识、合规文化及合规具体要求方面的重视。

附录

附录 1　塞尔维亚部分政府部门和相关机构一览表

（1）塞尔维亚共和国政府 www. srbija. gov. rs

（2）外交部 www. mfa. gov. rs

（3）财政部 www. mfin. gov. rs

（4）国防部 www. mod. gov. rs

（5）文化部 www. kultura. gov. rs

（6）经济部 www. privreda. gov. rs

（7）农林水利部 www. minpolj. gov. rs

（8）环保部 www. ekologija. gov. rs

（9）建设、运输和基础设施部 www. mgsi. gov. rs

（10）矿业和能源部 www. mre. gov. rs

（11）内外贸易部 www. must. gov. rs

（12）司法部 www. mpravde. gov. rs

（13）国家行政和地方自治部 www. mduls. gov. rs

（14）人权和少数民族权利及社会对话部 www. minljmpdd. gov. rs

（15）内政部 www. mup. gov. rs

（16）欧洲一体化部 www. mei. gov. rs

（17）教育部 www. mpn. gov. rs

（18）卫生部 www. zdravlje. gov. rs

（19）劳工、就业、退伍军人和社会事务部 www. minrzs. gov. rs

（20）家庭护理和人口部 www. minbpd. gov. rs

（21）体育部 www. mos. gov. rs

（22）农村事务部 www. mbs. gov. rs

（23）科学、创新和技术发展部 www. nitra. gov. rs

（24）旅游和青年部 www. mto. gov. rs

（25）信息和电信部 www. mit. gov. rs

（26）公共投资部 www. obnova. gov. rs

（27）科索沃和梅托西亚办事处 www. kim. gov. rs

（28）欧盟基金管理系统审计办公室 www. aa. gov. rs

（29）信息技术和电子管理办公室 www. ite. gov. rs

（30）俄罗斯联邦和中华人民共和国国家合作协调委员会办公室 www. knsrk. gov. rs

（31）教会和宗教团体合作局 www. vere. gov. rs

附录 2　塞尔维亚主要商协会及中资企业一览表

1. 主要商协会

（1）塞尔维亚华人华侨商业总会

地址：贝尔格莱德市 70 号中国商城

电话/传真：+381-11-3185788

（2）塞尔维亚华人商业联合会

地址：贝尔格莱德市 Jurija Gagarina 91 A3 办公室Ⅱ楼

电话：+381-69-698777

（3）塞尔维亚温州商会

地址：贝尔格莱德市 70 号中国商城

电话：+381-63-268787

2. 主要中资企业

（1）中国国家铁路集团国际有限公司

（2）中国银行

（3）中国交通建设（路桥）股份有限公司

（4）中国电力建设集团国际工程有限公司

（5）中国机械设备工程股份有限公司

（6）河钢集团

（7）山东高速集团

（8）紫金矿业集团有限公司

（9）山东玲珑轮胎股份有限公司

（10）华为集团

（11）中兴通讯

（12）中国土木工程集团有限公司

（13）上海电气电站工程公司

（14）浙江大华集团技术股份有限公司

（15）同方威视

（16）国电南瑞集团

（17）中冶建工集团有限公司

（18）中国水利电力对外公司

（19）中国葛洲坝集团国际工程有限公司

（20）美达汽车部件有限公司

（21）江苏恒康家居科技

（22）敏实集团有限公司

（23）常州星宇车灯股份有限公司

（24）延锋汽车饰件系统有限公司

附录 3　中塞使领馆信息

（1）中国驻塞尔维亚共和国大使馆

地址：塞尔维亚贝尔格莱德市乌日策大街 25 号

电话：00381-11-3695057

传真：00381-11-3695057

网址：rs. china-embassy. gov. cn

电子邮箱：chinaemb_ yu@ mfa. gov. cn

商务处地址：贝尔格莱德约万纳·达尼恰大街 1 号

电话：+381-11-2651630

传真：+381-11-2650726

（2）塞尔维亚共和国驻华大使馆

办公处：北京市三里屯东 6 街 1 号

电话：010-65323516，65321693，65323016，65321562（翻译）

传真：010-65321207

电子邮箱：embserbia@ embserbia. cn

网址：www. beijing. mfa. gov. rs

（3）塞尔维亚共和国驻上海总领事馆

办公处：上海市古北新区荣华东道 60 弄 1 号里昂花园 801 室

电话：021-62081388

传真：021-62087412

领区：上海、浙江、江苏、安徽、江西、福建